数字化转型

数智经济与商业创新

刘飞◎著

化学工业出版社

·北京·

内容简介

数字化时代引发了一场震撼人心的大变革——没有及时转型的传统企业可能被淘汰，一些新企业乘着数字化浪潮，获得迅猛发展。为了应对这场大变革，所有想“活”下来的企业都应该进行数字化转型，但很多企业对数字化转型的理解不够系统、深入，能够顺利完成数字化转型的企业更是凤毛麟角。希望本书能帮助企业顺利进行数字化转型。

《数字化转型：数智经济与商业创新》分为上、下两篇，上篇讲述了与数字化转型相关的理论知识和实用方法，并详细分析了华为、阿里巴巴、丹佛机场、宝洁集团等经典案例；下篇罗列了数字化为企业赋能的7个方面，包括商业模式、组织管理、生产、营销、供应链、采购、财务，力图让读者真正了解企业数字化转型的内涵和价值。

图书在版编目（CIP）数据

数字化转型：数智经济与商业创新/刘飞著. —北京：化学工业出版社，2023.7（2024.2重印）

ISBN 978-7-122-43165-3

Ⅰ.①数… Ⅱ.①刘… Ⅲ.①信息经济-研究 Ⅳ.①F49

中国国家版本馆CIP数据核字（2023）第051721号

责任编辑：刘 丹
责任校对：宋 玮
装帧设计：王晓宇

出版发行：化学工业出版社
（北京市东城区青年湖南街13号 邮政编码100011）
印 装：涿州市般润文化传播有限公司
710mm×1000mm 1/16 印张 $13^3/_4$ 字数154千字
2024年2月北京第1版第2次印刷

购书咨询：010-64518888
售后服务：010-64518899
网 址：http://www.cip.com.cn
凡购买本书，如有缺损质量问题，本社销售中心负责调换。

定 价：78.00元

前言 PREFACE

数字化转型不是刚出现在大众面前的新概念，它经历了几十年的沉淀，是时代发展下的产物。随着数字经济的普及，以及大数据、人工智能、云计算、物联网、区块链等新一代技术越来越成熟，不少企业都意识到，在数字经济背景下，数字化转型是抢占市场份额、持续提升竞争力、巩固自身行业地位的重要途径。

对于企业来说，数字化转型蕴含巨大价值，甚至能够开启一次时代变革。这预示着，一些企业的发展机遇已经到来，数字化转型将成为这些企业实现效益增长、业务创新的法宝，同时也是衡量这些企业综合实力的重要标志之一。如果企业无法适应时代变革，就很难获得持续发展。因此，企业要跟上数字化时代的发展潮流，不断提升自己的应变能力。

然而，现在很多企业在进行数字化转型时会遇到一些障碍和瓶颈，包括没有从发展战略层面制订数字化转型计划、没有相应的组织推动数字化转型方案落地、各部门之间没有就数字化转型形成清晰的权责体系、缺少技术与软硬件支撑等。

针对上述问题，本书给出了高效、完善的数字化转型解决方案，并以通俗易懂的语言深入浅出地介绍数字化转型的相关知识和技巧。

本书分为上、下两篇。上篇带领读者了解数字化转型，包括数字化转型是什么、为什么要进行数字化转型，以及数字化转型的技术支撑、战略布局、发展规划、创新产物等。帮助读者对数字化转型建立一个基本的认知，从而为企业选择最合适的数字化转型方案。

下篇讲解了数字化转型是如何为企业的各个模块赋能的，模块包括商业模式、组织管理、生产、营销、供应链、采购、财务。帮助读者深入了解企业的各模块进行数字化转型的方法及作用，从而对症下药，进行各模块的数字化转型，由点及面地实现整个企业的数字化转型。

希望读者通过阅读本书，能了解如何做好数字化转型，也希望本书可以作为读者进行数字转型的工具和抓手。

非常感谢在本书写作过程中给予我帮助的各位朋友，感谢家人和朋友对我的支持。最后，我衷心地期待读者在阅读本书后，可以尽快使企业实现数字化转型。由于学识所限，加之时间仓促，书中难免有疏漏之处，恳请广大读者批评指正。

著 者

目录

CONTENTS

上篇　开启数字化新阶段

下篇　数字化为企业赋能

上篇　开启数字化新阶段

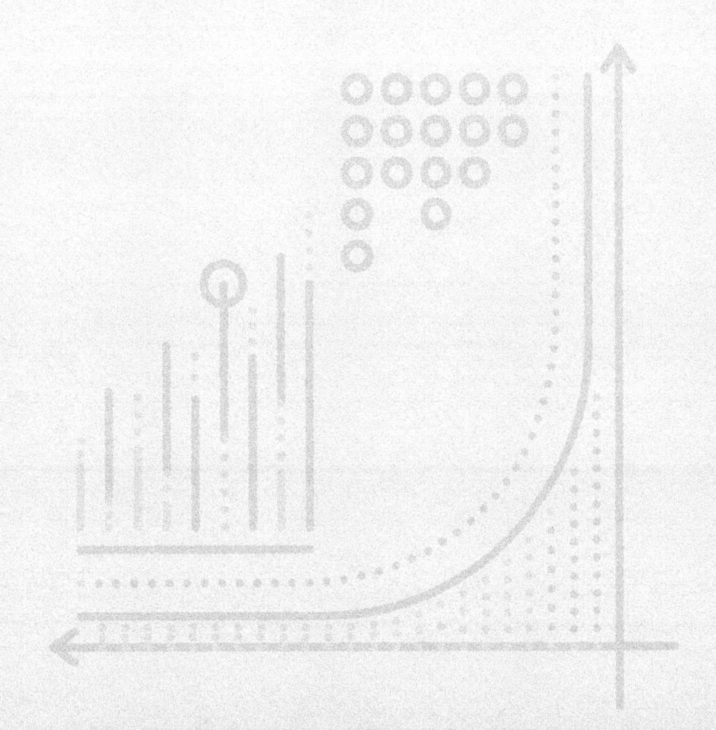

第1章

打开认知：正确理解数字化转型

如今，数字化转型已经不是一道选做题，而是一道必做题。为了适应新时代，企业要进行数字化转型，并把数字化转型当成战略核心。对于企业来说，做好数字化转型的关键是正确理解数字化转型，牢牢把握数字经济新趋势。

1.1 数字经济时代已经来临

2022年1月，《“十四五”数字经济发展规划》正式出台，明确指出要积极促进数字经济发展。这体现出我国对数字经济的重视，也有力地推动了数字经济时代的到来。在数字经济时代，企业要想抢占先机，必须了解数字经济，并以此为基础进行数字化转型布局。

1.1.1 什么是数字经济

数字经济是一种全新的经济形态，《二十国集团数字经济发展与合作倡议》中给出了一个很有代表性的定义：“数字经济是指以使用数字化的知识和信息作为关键生产要素、以现代信息网络作为重要载体、以信息通信技术的有效使用作为效率提升和经济结构优化的重要推动力的一系列经济活动。”（见下图）

数字经济示意图

由上述定义不难看出，在数字经济时代，关键生产要素从之前的土地、劳动力、资本、技术等逐渐变成可以在网络空间流动和转移的数字化知识和信息；数字经济的载体是现代信息网络，包括互联网、工业互联网、物联网等，知识和信息可以通过这些网络进行传输；数字经济的推动力是数字编码、数字压缩、数字调制等信息通信技术，由这些技术衍生出来的大数据、人工智能、云计算、区块链等新兴技术也很好地促进了数字经济的发展。

数字经济为人们的生活和工作带来了很多便利，在我国获得了迅猛发展，产业规模持续增长。中国信息通信研究院提供的数据显示，2012—2021年，我国数字经济规模从11万亿元增长至超过45万亿元，数字经济在国内生产总值中的占比也由21.6%提升至39.8%。

随着数字经济的不断发展，大量新业态和新模式出现，包括网上订餐、在线办公、在线医疗、即时通信、网络短视频、到家服务、生鲜电商、社区团购等。这些新业态和新模式逐渐成为数字经济的新增长领域。

除了催生新业态和新模式外，数字经济也让不同类型的资源实现了合理配置，社会分工变得更精细，社会效益有了很大提升。现在数字经济已经深入社会的方方面面，成为数字化转型的重要推动力。而企业作为数字化转型的主体，要努力适应数字经济发展趋势，积极对生产、销售、服务等环节进行升级和改造，从而进一步加快数字化转型步伐。

目前，我国正在经历一场广泛且深刻的数字变革。在这场变革中，数字经济与实体经济呈现出“新旧交织，破立并存”的状态。数字经济在一定程度上推动了实体经济变革，而实体经济则为数字经济奠定了坚实基础。二者协同发展，共同促进我国社会与经济不断进步。

1.1.2 数字经济=数字产业化+产业数字化

在我国，数字经济已经上升为国家战略，并于2017年首次写入政府工作报告。对于我国来说，数字经济是促进经济发展的重要引擎，也是实现产业升级的关键突破口。从架构来看，数字经济由两大部分组成，分别是数字产业化和产业数字化，如下图所示。

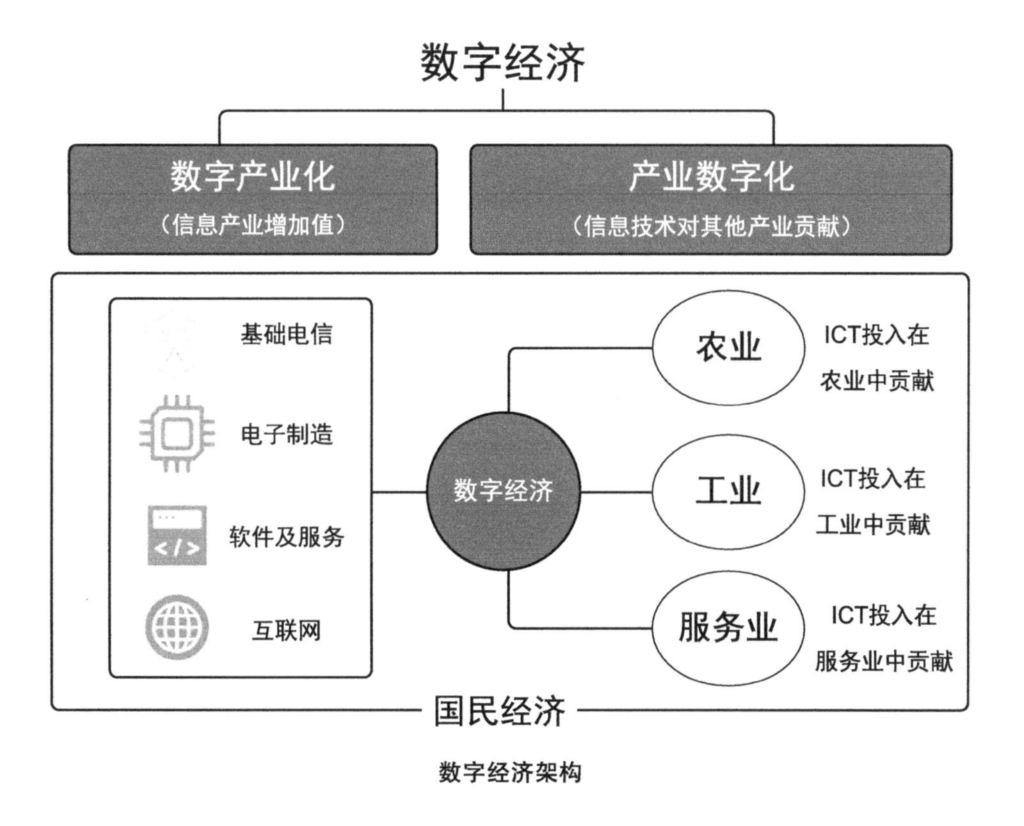

数字经济架构

1.数字产业化

数字产业化是通过5G、人工智能、大数据、云计算、区块链等技术的市场化应用，推动数字产业的形成与发展。在数字经济时代，这些技术不仅是实验室里的研究成果，还是数字产业的重要基础和核心支撑，同时也是经济增长的主要推动力。

数字产业化主要指信息产业的增加值，具体包括基础电信、电子制造、软件及服务、互联网等领域。要实现数字产业化，企业应该不断提升技术能力，加大技术攻关力度，尽快实现技术的自主可控，制定技术“断供”的应急预案，将风险降到最低。另外，企业还要保证技术人才和技术资源得到充分利用，进一步推动自有技术发展壮大。

2.产业数字化

产业数字化就是利用技术对传统产业进行全方位、全角度、全链条的改造，使农业、工业、服务业等传统产业实现效率提升和业务创新。产业数字化是以原本就存在的传统产业为基础，依托技术使其实现数字化转型，从而帮助其跟上数字经济时代的发展潮流。

要理解产业数字化，我们可以从以下8个方面入手。

（1）产业数字化可以解决创新、效率、信用问题，重构生产力和生产关系。

（2）对经营与管理进行数字化改造，将成为企业参与竞争的重要因素。

（3）数据、算法、算力推动产业数字化发展。

（4）万物互联互通是产业数字化的核心目标。

（5）战略、机制、人才是产业数字化的重要保障。

（6）技术服务供应商、互联网企业是产业数字化的推动力。

（7）重视产业数字化过程中的监管、数据安全、数字伦理问题。

（8）产业数字化将推动企业向普惠与绿色经营的方向发展。

在产业数字化方面，企业要强化数字思维，提升数据管理能力，在符合发展要求的基础上开放数字资源，帮助其他处于传统行业的企业进行数字化转型。另外，夯实数字基础设施、积极推动传统产业向高端延伸、培育数据市场，也是加快产业数字化发展的重要举措。

数字产业化与产业数字化作为数字经济的组成部分，能够彼此助力、相互促进。将数字产业化与产业数字化融合在一起，能更好地促进数字经济与实体经济的协同发展，从而更充分地释放数字经济与实体经济的价值，助力企业尽快完成数字化转型。

1.1.3 数字经济推动企业数字变革

身处数字经济时代，企业越关注数字变革，对数字变革的积极性越高，发展动力就越强劲。数字变革蕴含巨大潜力，是企业实现提质增效的重要举措，将引领企业发展模式发生重大转型。云计算、大数据等新一代技术也为企业的数字变革提供了有力支持。

越来越多的企业在探索利用新一代技术进行数字变革的方法。例如，制造企业建立“无人车间”“智能工厂”“黑灯工厂”等智能化生产模式，并积极对生产过程监测、设备运维、产品质量检验等环节进行自动化改造。在新一代技术的助力下，企业进入数字变革的窗口期，提升了自身核心竞争力，实现了高质量发展。

在数字经济时代，数字变革很关键，但不少企业都不知道应该如何进行数字变革。具体来说，企业要进行数字变革，应该从以下几个方面入手。

（1）增强数字变革的内生动力，对运营与管理流程进行创新与升级，进一步强化网络安全、数据安全、软硬件安全，迅速落实信息保护机制，降低数字变革风险。

（2）与数字化服务及产品供应商合作，引入成本低、见效快、操作方便的产品和服务。例如，G7物联引入智能办公平台飞书，以满足线上办公需求。飞书帮助G7物联建立了一个虚拟办公空间，员工可以随时随地沟通，消除了信息只能自上而下流动的弊端。员工对市场的观察与分析，也能及时地通过飞书进行整理，并向其他团队分享。对于G7物联来说，飞书不仅提升了员工的工作效率，还让员工之间多了许多互动和反馈，工作氛围更愉快。

（3）提升数字变革承接能力，加深数字变革意识，自主规划数字变革方案，形成以业务智能化、部门协同发展、关键资源共享、数据互联互通为核心的新型运营模式。

（4）引入数字变革所需的自动化系统与工具，如数据库、云平台、云软件等。例如，西贝餐饮引入了阿里巴巴旗下的云平台阿里云，以及POS（Point of Sales，销售点终端）系统、在线点餐系统、CRM（Customer Relationship Management，客户关系管理）系统、智慧供应链平台等，成为餐饮领域进行数字变革的领先企业。

（5）重视数字人才培养，鼓励数字人才参与数字变革，进一步加快数字变革进程。另外，打造与数字人才适配的开放、包容、以人为导向的文化也很重要。这种文化可以帮助企业摆脱千篇一律的“经济人”理念，构建轻松的工作氛围，对员工产生凝聚、约束、激励等作用，从而进一步优化企业的管理与经营战略。

随着数字经济时代的到来，企业亟须通过数字变革创造新机遇、应对新挑战、建立新优势。这样有利于增强组织韧性，使企业更从容地迎接外部变化和市场竞争带来的挑战。

1.1.4 数字经济发展中的问题及应对方法

数字经济是极具活力和创新力的经济形态，但数字经济在带来诸多机遇的同时，也存在一定的问题。因此，除了把握机遇外，妥善解决数字经济发展中的问题，想办法克服发展障碍，也是十分重要的事情。

1.数字经济发展不平衡

目前，数字经济在三大产业（工业、农业、服务业）中的渗透率虽然不断提升，但其在三大产业中的发展并不平衡：第三产业的发展比较超前，而第一、二产业的发展则相对滞后。从数字经济在不同领域的发展来看，文化体育、娱乐、零售、商务服务等领域的发展速度更快，而制造、化工、钢铁冶炼等领域的发展速度慢一些。

总的来说，数字经济发展存在消费型数字经济“一条腿长”、生产型数字经济“一条腿短”的问题。这主要是因为大多数技术更适合在消费领域使用，而且消费领域对数字经济有更深刻的认知，不容易受到既有经营方式、思维惯性、渠道冲突等因素的影响。

2.数字经济管理面临挑战

在数字经济市场中，“一家独大，赢者通吃”的局面依然存在，这容易滋生市场垄断、数据安全等问题。例如，一些数字科技企业为了巩固市场地位，滥用自主定价权，进行低价倾销、哄抬价格、价格串通等不良行为。久而久之，市场秩序被扰乱，用户的合法权益受到损害。在这种情况下，数字经济管理体系必须进一步完善。

3.数据要素市场尚未形成

从整体上来看，我国数据规模庞大，但数据潜力还没有被充分挖掘出来，也没有形成标准化、立体化的数据要素市场。这会引发很多隐患，如数据权属界定不清晰、数据交易价格难以确定、数据安全和隐私保护问题突出等。久而久之，以数据为关键要素的数字经济发展就会受到严重影响。因此，建立数据要素市场，使数据在市场上高效、安全、稳定地流动成为当务之急，企业、政府、用户都应该参与其中。

4.一些核心技术尚未实现自主可控

核心技术不能自主可控，企业就很容易受制于他人。例如，很多企业在芯片、操作系统、工业设计软件等方面存在短板，导致产品的核心技术无法实现突破，最终影响产品上市进程。这就需要企业重视自主创新，加大技术研发力度。如果企业规模比较小、技术能力比较差，可以暂时借助外部力量来弥补技术短板，但要时刻保持技术创新思维。

综上所述，数字经济在发展过程中存在一些问题，如果这些问题没有被及时解决，很可能导致一系列连锁反应，甚至对实体经济的发展造成影响。企业作为数字经济时代的参与者，应该严格遵守监管要求，助力市场与社会秩序的稳定。

1.2 数字化转型势不可当

随着数字经济时代的到来，企业也在不断升级。之前企业可能处在信息化阶段，而现在就要朝着数字化和智能化的方向发展。如果企业没有及时跟上时代发展潮流，就很有可能被用户抛弃。所以，对于企业来说，数字化转型势在必行。

1.2.1 信息化vs数字化vs智能化

信息化、数字化、智能化是息息相关的概念，三者看起来很相似，其实有比较大的差别，包括工作方式差别、IT系统差别、思维模式差别。

1.信息化

信息化是指将线下的工作流程迁移到线上，然后借助信息系统对其进行处理，以此来提高工作效率，降低运营成本。在这个过程中，工作流程是核心，信息系统是工具，而由此产生的数据只是信息系统的“副产品”。

在信息化时代，IT系统主要由单个部门使用，很少出现跨部门的整合与集成，所以很容易出现信息孤岛。而且，信息化不涉及流程重构和数据联通，这意味着，企业和社会之间、不同企业之间、员工与员工之间没有建立连接，数据难以真正发挥价值。

从思维模式上看，信息化还停留在线下思维。在这种思维的影响下，企业通常不会改变业务流程，而是只考虑如何高效、严格、没有纰漏地对组织进行管理。

2.数字化

数字化以信息化为基础，以数据为生产资料，目的是利用技术改变商业模式，创造更多新的价值。由此我们可以提炼出数字化的两个关键点：改变商业模式、实现价值创造。

数字化的IT系统不是只为一个部门服务，而是涉及整个公司的所有部门。有些实力比较强的企业甚至将IT系统对外开放。在数字化背景下，数据是联通、联动的，部门壁垒、市场壁垒等都被打破。与此同时，数据成为数字资产，真正为业务、运营、决策赋能。

数字化时代以数据为中心，企业的思维模式逐渐从管理驱动转向业务驱动。企业会对业务进行创新，积极推动业务模式变革，并致力于打造新的商业模式。这样不仅有利于提升企业的管理和运营水平，还能推动企业数字化转型进程。

3.智能化

智能化是在数字化的基础上，借助大数据、物联网、人工智能、云计算等技术处理数据，并自动呈现和推送数据分析结果。进入智能化阶段的企业能够用数据分析结果反哺业务，以推动业务转型升级，从而形成完整的商业闭环。

信息化已经发展多年，大多数企业已经进入数字化、智能化阶段。在从信息化向智能化升级的过程中，企业的运营与管理效率不断提升，成本有所降低，业务流程进一步优化。更重要的是，企业的商业模式将实现变革，竞争力不断增强。

1.2.2 为什么要进行数字化转型

近几年，数字化转型成为经济领域的一个热词，投资圈对此也十分关注。即便如此，有些企业在数字化转型方面的紧迫感和执行力依然不是很强，它们可能只把数字化转型作为推动业务增长的附加能力。这种想法是不正确的，因为除了推动业务增长外，还有一些其他原因促使企业必须进行数字化转型。

1. 环境使然：数字变革需求越来越强烈

技术发展加速了环境变革，激发了以云消费、无人自助等为特征的数字变革需求。在这种环境下，企业要想获得更好的发展，就应该顺应时代潮流，积极进行数字化转型。这也是“物竞天择，适者生存”的充分体现。

2. 技术革新：新一代技术为企业赋能

新一代技术的出现，为企业数字化转型提供了更多可能性。现在很多技术都可以应用到企业的数字化转型过程中，如人工智能、云计算、区块链、元宇宙等。有了这些技术，即使是不懂数字化转型的企业，也可以在一定程度上实现数字化转型，让自己不至于过度落后于其他企业。

3.消费升级：消费理念和消费行为创新

现在是消费升级的时代，消费升级具体表现在消费理念和消费行为两个方面。

在消费理念方面，用户对产品的质量、环保属性等有了新需求，低价产品的竞争力下降。另外，用户开始对有较强精神属性的产品产生需求，更关注身心健康、家庭幸福和娱乐享受。对此，会员定制及小众产品层出不穷，受到广泛欢迎。

在消费行为方面，用户对提升生活质量的产品有了更高的要求，汽车、家装、保健品等中高端产品的需求涨幅最明显，且一直保持上升态势。30～45岁的新中产群体更喜欢轻奢消费，对科技生活、个人提升等方面很看重。

消费理念和消费行为变革倒逼产品向定制化、高质量的方向发展，推动整体消费结构升级，催生了许多新商机。数字化转型的关键在于持续创造价值，与用户、产品建立更深层的联系。只有这样，企业才能将产品卖出更高的价格。

4.发展观：以数字化方式突破发展瓶颈

正所谓“变则通，通则存”，很多企业为了生存主动引入数字化方式，希望尽快突破发展瓶颈。在这个不确定性非常强的时代，企业时刻都要做好迎接和应对挑战的准备，同时还要积极拥抱变化并顺应变化，从而在市场上赢得一席之地。

未来，数字化转型将是每家企业谋求生存和发展的必经之路。只有跟上数字化时代的发展潮流，企业才能拥有更强的应变能力、盈利能力和可持续发展能力。

1.2.3 解读数字化转型现状

数字化转型是经济增长的新动能和新机遇，也是众多企业应对市场环境变化的共同选择。数字化转型已经在越来越多的企业中得以实施和推广，而且很多企业都取得了不错的成绩。在这种利好形势下，企业只有了解数字化转型现状，才能有的放矢地制定相关战略。

1.处于数字化转型初级阶段的企业比较多

随着数字化转型在各行各业全面启动，已经有80%以上的企业开始进行不同程度的数字化转型。其中，有些企业探索数字化转型方法，有些企业加速推进数字化转型进程。总的来说，目前处于数字化转型初级阶段的企业多一些。

2.数字化转型被越来越多的企业接纳和认可

我国大多数企业将数字化转型作为下一步发展重点，甚至有些企业已经制定了清晰、完善的数字化转型方案，并不断加大数字化转型成本投入。由此可见，对于我国的企业来说，数字化转型已经成为一种新常态。

3.不同企业的数字化水平有差异

龙头企业与中小型企业的数字化水平不同，数字化转型效果也有一定的差异。从2018年到2022年，龙头企业的数字化优势越来越明显，经济增长情况也很不错。为了适应时代发展，中小型企业要深刻意识到数字化转型的重要性，适当加大资金和人才投入。

无论是对龙头企业还是中小型企业来说，数字化转型都是一项非常重要的工作。因为这项工作需要细致和长远的规划，所以很多企业，尤其是中小型企业，都有一定的畏难情绪。另外，对于数字化转型，中小型企业往往有更高的短期期望值，即期望可以在短期内就获得利润回馈。中小型企业应该摒弃这种想法，积极发扬试错精神，尽快进行数字化转型。

总之，企业要想实现数字化转型，必须经过很长时间的努力，急于求成是不可取的。

1.3 数字化转型是企业的必经之路

在数字化时代背景下，大量信息都是通过各种互联网设备传播。如果企业不能尽快进行数字化转型，就无法及时获取用户的产品偏好，产品销量可能因此降低，利润可能随之下降，企业也就没有足够的资金维持运营。所以企业要想保持良好的发展，数字化转型是必经之路。

1.3.1 什么时候应该做数字化转型

企业何时进行数字化转型？这是一个非常值得思考的问题。进行数字化转型，企业需要考虑的因素很多，实施成本也很高，有些企业便因此停滞不前，不敢迈出第一步。其实，企业进行数字化转型的时间越早越好。根据剪刀差理论和马太效应，企业越早开始数字化转型，可以尝试的路径就越多。一旦转型成功，就有很大机会成为业界领先者，引领整个行业的发展。

1. 剪刀差理论

企业数字化转型是一项长期工程，需要一定的时间才能看到效果。在转型初期，数字化成本高于人力成本，随着时间的推移，在经过某一节点后，数字化成本开始低于人力成本，企业的数字化能力大大增强，如下图所示。

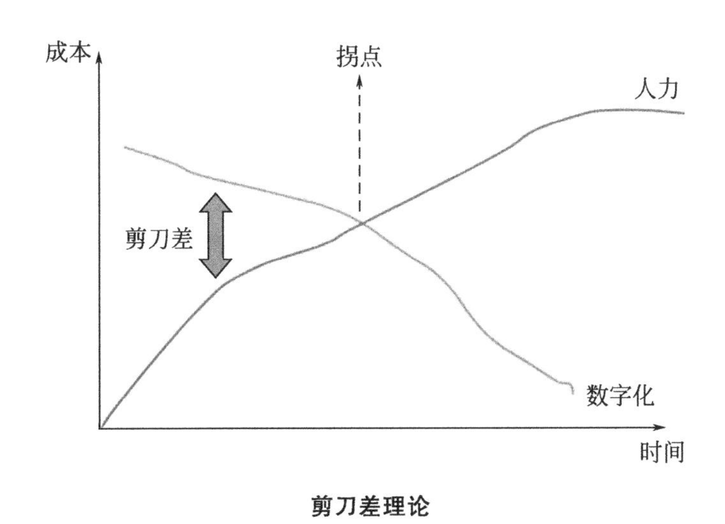

剪刀差理论

因此，企业要趁早进行数字化转型，这样才能实现更好的发展。

2. 马太效应

马太效应指的是一种强者越强、弱者越弱的现象。在数字化转型过程中，数据成了新的生产要素，与资本、技术、劳动力等一样重要。当企业扩大规模时，数据的优势会越来越明显。如果企业在发展初期就重视数据，那么其数字化转型之路会很顺畅。

虽然数字化转型的时间越早越好，但现实情况是部分企业尚未开始转型，部分企业已经成功实现数字化转型，并进入稳步发展阶段。这些企业分布在不同的行业，这也就意味着，不同行业的数字化转型进程是不同的。

例如，媒体、金融等行业发展较为成熟，且受数字经济的影响较大，这些行业中的企业最早开始数字化转型；娱乐、零售等行业受数字经济的影响较小，这些行业中的企业是第二批进行数字化转型的；医疗、教育等行业还处于发展阶段，受数字经济的影响不大，这些行业中的企业的数字化转型速度比较慢；建筑等传统行业几乎没有被数字经济影响，进行数字化转型的企业寥寥无几。

那么，不同的行业是否存在最佳的数字化转型时间？企业是否应该在同类企业都进行数字化转型时再采取行动呢？这两个问题的答案都是否定的。

实际上，数字化转型就像一场赛跑，先到终点的人就是胜利者。转型成功的企业有更多机会建立颠覆行业的竞争优势。正因如此，尚未开始转型的企业必须把握机会，综合考量自身数字化实力，加速内部数据沉淀，立即制定转型方案，着手转型。

1.3.2 数字化转型牵头者：董事会与CEO

企业要想顺利实现数字化转型，必须有牵头者，较为合适的是董事会与CEO。首先来说董事会是如何推动数字化转型的。董事会通常通过以下几种方式全面推进企业发展，进一步加快企业的数字化进程。

1.梳理数字化转型方案

董事会在企业组织架构中位于科层制的顶端，其工作重点在于战略的制定。但在数字化转型的过程中，除了要制定企业的发展战略外，董事会还要持续跟进数字化转型过程，并根据实际情况及时调整转型方向。因此，董事会要对数字化转型的整体方案进行梳理，并以行业发展的趋势和企业的业务特点为基础，确立战略目标及阶段目标。

2.设立监督组织

持续跟进转型过程要耗费大量的时间和精力，对此，董事会可以设立专门的监督组织，用于了解转型进程及效果，为后续的战略制定提供更多的参考依据。作为战略的制定者，董事会不直接参与数字化转型的具体工作。因此，董事会还要选用合适的人才作为执行团队的成员，从而保证执行团队的业务能力及调控能力。

3.聘请数字化人才

数字化浪潮不仅会颠覆传统行业的业务及管理模式，还会对董事会的组织架构产生影响。为积极应对数字化转型中的挑战，董事会要聘请数字化人才，增强相关决策的科学性和可行性；引入具备数字化转型经验的新成员，优化组织架构，制定有利于数字化业务开展的模式及制度，从而由内而外地推动数字化转型。

在企业进行数字化转型的过程中，董事会还要依据企业的业务特性判断转型目标是否合理，并利用技术优化自身业务和产品，借鉴行业领导者的数字化转型措施，充分挖掘数字化转型的价值，从而在激烈的市场竞争中立于不败之地。

接着来说CEO应该如何把握数字化转型的“脉搏”，促进企业的数字化转型。CEO可以通过搭建数字化组织架构的方式，协调各方资源。企业的组织架构是企业资源分配、业务开展、落实管理制度的基础。组织架构的搭建，可以增强团队的协作能力，使不同员工之间的配合更默契、更规范，从而提升团队的整体工作效率。

在搭建组织架构的过程中，CEO要对团队的职能进行梳理，并根据每个员工的岗位为其分配不同的工作内容。另外，CEO还要考虑数字化转型的预算成本、现有技术水平及当前的经营模式，从而有序、稳定地推进数字化转型进程。

在组织架构搭建完毕后，CEO就要选择各项业务的核心负责人。核心负责人要配合CEO搭建组织架构，并带领团队积极应对数字化转型过程中的挑战。这样不仅加强了各位负责人的合作与交流，还为实现信息共享和资源协作奠定了坚实的基础。

1.3.3 华为的数字化转型方案分析

华为通过瞄准1个目标、做好3项工作、实现5个转变，充分发挥数字平台的价值，支撑办公、营销、服务、制造、采购等业务，实现了新常态下的数字化转型。

1.瞄准1个目标

大部分企业数字化转型的目标是实现业务增长。立足于这一目标，华为制定了一系列转型策略，以提升企业内部管理效率，探索新的商业模式，为企业的持续发展增添更多动能，保证企业能应对新形势、新挑战。

2. 做好3项工作

华为将目标具化为3项工作，即服务好用户、服务好业务场景、建立好数字平台。华为的数字平台可以为企业所有业务部门工作的开展提供支持，提升各项业务的完成效率。

3. 实现5个转变

华为认为，数字化转型不是简单地引入新技术，而是帮助企业"多打粮食，增加土地肥力"。其转型涵盖意识、组织、文化、方法、模式5个方面。

（1）转意识。数字化转型不只是信息部门和技术部门的工作，因此，不应只由CIO（首席信息官）或CTO（首席技术官）牵头，而是要由企业的董事会或CEO牵头，共同思考企业的未来。企业上下需要共同转变意识，明确企业要帮助用户解决什么问题、哪个环节的效率需要提升、需要引入什么技术等。企业的数字化转型是一个科学的工程，没有最好的技术，只有最适合的技术，因此，企业要懂得对症下药。

（2）转组织。企业除了要转变组织结构外，还要建立管理数字化转型工作的组织。很多企业的数字化转型工作由CIO负责，而华为成立了变革管理委员会，由轮值董事长负责，从战略高度重视数字化转型。

（3）转文化。如今，很多企业都意识到了中台的重要性，但因其没有显性价值，所以企业中的IT人员更愿意做前台开发、调试等工作。因此，华为从这一方面转变企业文化，提升数字化转型工作的价值，激发员工的积极性。

（4）转方法。华为将数字化转型总结为3条主线，即业务对象数字化、业务流程数字化、业务规则数字化，并制定了一套完整的方法论来指导业务部门和IT部门开展转型工作。

（5）转模式。大部分传统企业不是云原生企业，如何将之前经营中积淀下来的模式、流程等迁移到云端，是很多传统企业在数字化转型过程中面临的共同问题。华为使用ERP（企业资源规划）系统近30年，如今每年创造近千亿美元的销售收入，为全球1700多家企业提供服务。将其迁移到云端，相当于换掉一架正在飞行中的飞机的发动机，其过程非常复杂。这需要在管理好现有系统的基础上，评估未来发展与现有系统的关系。

华为在全球约有19.5万名员工，很多业务均需要全球协同。例如，一些手机需要在武汉进行测试，如果没有合适的远程研发、办公平台，业务必然受到影响。对此，华为的IT部门和数字化部门调整了远程办公方案，解决了研发体系异地多场景的协同问题，保证了日常办公的开展。WeLink（华为云）是一个全场景数字化办公平台，融合了视频会议、即时通信、智能邮件等功能，在会议并发高峰中做到了零事故。

在营销方面，华为打破了传统的现场宣传模式，将展会、展厅搬到了线上。用户在家中通过数字化展厅，就能够观看华为所有的产品发布会，聆听新技术、新趋势的讲解，甚至能与专家进行一对一交流。

我们可以从华为的数字化转型过程中看出，企业开展数字化转型要有战略决心、信心和恒心。企业不仅要做好顶层设计，从战略高度重视数字化转型，还要有行动力，遇到问题时及时调整。除此之外，在方向正确的基础上，组织要充满活力，要有统筹转型全过程的领导团队和充满激情、干劲的执行团队。

第2章

技术支撑：数字化转型必备技术

数字化转型的特点是使用各种技术为企业创造新的价值，所以数字化转型离不开技术的支撑。“工欲善其事，必先利其器。”不断更新的技术是企业数字化转型的关键所在。

2.1 数字化转型与大数据

数字化转型和大数据之间是相辅相成的关系，两者相互促进、共同发展。佩斯·哈蒙（Pace Harmon）公司的常务董事Rahul Singh形容大数据与数字化转型的关系为：“真正的价值来自将大数据与数字化转型相结合的能力，以实现整个运营的数字化和自动化，从而提高效率和开创新的业务模式。”

2.1.1 什么是大数据

在描述信息爆炸时代产生的海量数据时，通常会使用“大数据”这一名词。很多企业都掌握着很多数据，这些数据的规模甚至已经庞大到无法用GB或TB（GB与TB都是数据单位，简称G与T）来衡量。在这种情况下，大数据的起始计量单位就升级为P（1000个T）、E（100万个T）或Z（10亿个T）。

对于大数据，研究机构Gartner给出过一个详细定义：“大数据是需要新处理模式才能具有更强的决策力、洞察发现力和流程优化能力来适应海量、高增长率和多样化信息的资产。”麦肯锡全球研究所也给出过大数据的定义：“大数据是一种规模大到在获取、存储、管理、分析方面大大超出了传统数据库软件工具能力范围的数据集合。”

大数据具有大量（Volume）、高速（Velocity）、多样（Variety）、

价值（Value）4个显著特点，也被称为“4V特点”。

从目前的情况来看，每一个行业和业务职能领域都和数据有着千丝万缕的联系，也正是因为这样，数据才成了一个重要的生产因素。在大数据时代，大数据应用涉及越来越多的领域，如金融、通信、电商、环境生态、医疗等。所以，企业应该重视大数据。

2.1.2 大数据是如何发挥价值的

在互联网时代，大数据技术在用户日常生活中无处不在，相关应用成了用户生活的必需品，这足以证明大数据的重要性。但很多企业只知道大数据重要，却不明白大数据是如何发挥价值的。

大数据可以从多个方面帮助传统企业实现数字化转型，如营销方面、产品方面以及服务方面等。

1.营销方面

大数据能够帮助企业在互联网平台上收集用户信息，分析用户的偏好，让企业能够按照用户喜好向其推荐产品。例如，庞某是一个数码产品爱好者，那么企业就可以在互联网平台上向其推荐与数码产品相关的笔记、直播、商品等。

2.产品方面

企业可以通过大数据实现定制化生产，为用户提供个性化服务。例如，上海家化集团与阿里巴巴达成战略合作，共同建立了一个大数据日化产品研发实验室。阿里巴巴的相关负责人如此评价这次合作："阿里巴巴和上海家化正在依靠互联网和大数据对生产供应进行改造，携手创造出全新的商品设计和生产流程，推动国产品牌不断满足中国消费升级的需求。"上海家化利用阿里巴巴的大数据技术，针对不同群体生产不同的产品，触达更多用户。这样既加快了上海家化的数字化转型进程，又提高了知名度。

3.服务方面

传统企业对市场需求反应缓慢，无法及时改变企业策略迎合用户需求，所以传统企业应该利用大数据及时转型。大数据可以帮助传统企业实现与用户更加紧密的连接，将收集的用户信息快速整合，提出相关的解决方案。

例如，中国工商银行借助大数据开创了"人企合一"的新共借模式，并推出线上还款服务，实现服务流程数字化，帮助企业快速办理业务。渤海银行董事长李伏安精准描述了大数据为银行数字化转型提供的价值："银行业与数字经济一直有着紧密联系。在为企业提供金融服务过程中积累的海量数据，已经成为一种关键性的生产要素和基础性战略资源。精细化管理和高效使用这些数据是银行数字化转型的核心意义。"

2.1.3 建立数据库，存储并管理数据

企业的数据自企业诞生开始就在累积，企业的财务报表、策划案等，都是企业数据的一部分。在创立初期，企业的数据量比较少，企业不深入分析数据，通过人工的方式也可以总结问题，制定决策。

但随着企业不断发展，接触的其他企业越来越多，接到的订单也越来越多，企业就无法只用人工处理数据，如何快速有效地处理这些数据成为企业面临的难题。数据库的出现为企业开辟了一条新的存储并管理数据的道路。

数据库是指长期存储在计算机中，可以随时供企业查看、分享的数据仓库。数据库随着企业信息化程度的加深逐渐发展，几乎承载了企业运转的所有数据。

数据库优点繁多，它能帮助企业快速调取自己需要的数据，减少查找数据时的不便，提高数据使用效率。同时，数据库具有内部分享性和外部分享性，方便企业与其他企业或企业员工之间分享数据。

数据库有3个基本功能：数据获取、数据存储与管理，以及信息访问。其中，数据存储与管理是数据库的核心功能。在大数据时代，企业获得信息的渠道很多，然而多渠道获得的信息往往多而杂乱，整理起来十分困难，数据存储与管理功能是企业建设数据库的重点。

综上所述，企业应该认识到建立数据库、存储并管理数据的重要性，将数据应用于日常决策和运营过程中，发挥数据的价值。

2.2 数字化转型与AI

AI是人工智能（Artificial Intelligence）的缩写，是计算机科学下面的一个小分支。数字化转型的前提是技术的发展和革新，而人工智能是互联网技术发展的产物，它可以辅助企业进行数字化转型。

企业可以通过人工智能实现流程自动化，加快产品的生产速度，提高生产效率。

2.2.1 AI的发展现状与分类

随着互联网的发展，AI技术也获得了巨大发展，AI被运用到越来越多的领域，它以惊人的速度融入人们的日常生活中，逐渐成为新时代科技革命和商业模式变革的重要驱动因素之一。在这样的大环境下，AI引起了社会各界更广泛的关注，人工智能时代全面来临。

AI主要分为3种类型：弱AI、强AI以及超AI。科研人员在弱AI方面的研究已经取得了突破性成果，但关于强AI和超AI的研究则仍然存在极大的发展与上升空间。

1.弱AI

弱AI只能进行某一项特定的工作，因此，也被称为应用型AI。弱AI没有自主意识，也不具备逻辑推理能力，只能够根据预设好的程序完成任务。例如，苹果公司研发的Siri就是弱AI的代表，其只能通过预设程序完成有限的操作，并不具备自我意识。

2.强AI

理论上来说，强AI指的是有自主意识、能够独立思考的、近似人类的AI，其主要具有以下几种能力。

（1）独立思考能力，能够解决预设程序之外的突发问题。

（2）学习能力，能够进行自主学习和智慧进化。

（3）自主意识，对于事物能够做出主观判断。

（4）逻辑思考和交流能力，能够与人类进行正常交流。

强AI的研发将是科研人员的长久课题，它给人们的生活带来的影响也会更深刻。

3.超AI

超AI在各方面的表现都将远超强AI。超AI具有复合能力，在语言、运动、知觉、社交及创造力方面都有出色的表现。超AI是在人类智慧的基础上进行升级进化的超级智能，相比于强AI，超AI不仅拥有自主意识和逻辑思考的能力，还能在学习中不断提升智能水平。

不过，对于AI的研究现在还处于从弱AI向强AI过渡的阶段。而在强AI的研究过程中，科研人员面临着诸多挑战：一方面，强AI的智慧模拟无法达到人类大脑的精密性和复杂性；另一方面，强AI的自主意识研究也是亟待攻克的难题。

虽然从弱AI向强AI转化还有很长的路要走，但可以预见的是，人工智能将向云端AI、情感AI和深度学习AI等方面发展。

（1）云计算和人工智能的结合可以将大量的智能运算转入云平台，从而有效降低运算成本，让更多人享受到人工智能带来的便利。

（2）情感AI可以通过对人类表情、语气和情感变化的模拟，更好地对人类的情感进行认识、理解和引导。情感AI在未来可能会成为人类的虚拟助手。

（3）深度学习是AI发展的重要趋势，具有深度学习能力的人工智能能够通过学习实现自我提升，帮助人类更好地生活和工作。

如今，弱AI已经能够辅助人们进行一些工程作业。随着人工智能的不断进化，未来，强AI甚至超AI能够更深刻地改变和影响我们的生活、工作，为我们提供更多价值。

2.2.2 应用场景：AI的商业化进程

随着互联网技术的不断发展，AI通过数年的技术沉淀和行业积累，迎来了快速发展期。AI是新时代的重要生产力，它已经进入全方位商业化阶段，释放出巨大的商业潜力。它主要应用在以下4个场景：游戏、语言处理、智能识别以及智能机器人。

1.游戏

人工智能在围棋、象棋等游戏中发挥着重要的作用。例如，打败我国围棋高手柯洁的Alpha Go就是其中的典范，它可以根据规则测算出可能的落子位置并选出最优位置。

2.语言处理

常见的语言处理系统是机器翻译系统，也被称为自动翻译系统，它主要利用机器将源语言转换成目标语言。精准的语言翻译是人工智能的终极目标之一，具有超高意义的科学研究价值。

3.智能识别

智能识别分为语音识别、视觉识别等。在语音识别中，人工智能会自动识别人类表述的语言并将其转化为文本，让不同语言的人也能无障碍交流。而视觉识别则可以应用在企业的生产工厂中，帮助企业快速检测生产线的产品是否合格，提升企业的生产效率。

4. 智能机器人

智能机器人是最早、最广泛应用AI技术的领域。智能机器人安装有传感器装置，它能感受到现实世界的光线、温度、声音和距离等。

随着数据的不断积累，智能机器人能够执行越来越多的任务。由于智能机器人拥有高效的处理器、多项传感装置与强大的深度学习能力，所以在处理任务的过程中，它们可以从简单、烦琐的工作中吸取经验来适应新的环境，逐渐胜任更高级的工作。

2.2.3 数字化转型背景下的AI战略

数字化转型主要改变的是企业与用户之间的交流方式，而AI是辅助企业进行数字化转型的工具。如今，人工智能的应用范围越来越广，不同类型的企业都在运用人工智能技术谋求数字化转型成功。例如，主要深耕家电行业的海尔用AI战略推动自身的数字化转型。2022年7月，海尔启动了“海尔卡奥斯工业互联网生态园”项目。该项目的定位是建设一个以高端智能家电产业为基础、以数字经济为引擎的工业互联网示范园区。这个项目让更多企业认识到人工智能的重要性。

海尔为了更好地迎接人工智能的浪潮，还创办了海尔智家企业。海尔智家董事长李华刚是这样定义海尔智家的：“以战略为核心，海尔智家会一直以用户需求为使命，不断升级迭代，服务全球用户。”

随着信息技术的快速发展，第四次工业革命正在全球范围内兴起，AI的影响力也在逐渐扩大。企业应该抓住时机，向数字化转型的新阶段迈进。

2.3 数字化转型与云计算

云计算通过互联网向用户提供网络资源，它能促进企业数字化转型进程加快，是数字化转型的助推器。云计算的快速发展，使越来越多的企业开始使用云计算推动数字化转型，加快数字化转型速度。

2.3.1 云计算迎来算法升级

云计算刚一诞生，就被业内人士看作一项伟大的技术。云计算对人们的工作方式、数据存储规模、信息管理等方面产生了深刻影响。随着大数据、AI等技术的崛起，云计算的发展上了一个台阶，并在数字化转型方面为企业助力。随着云计算的不断发展，越来越多的企业了解到其巨大潜力，并投入更多成本，将其应用于企业数字化转型过程中。

在数字化时代，云计算相当于一个“智能仓库”，可以实现数据的保存、分析、学习与传递，为企业的数字化转型提供信息资源。如今，云计算在数字化趋势的影响下迎来了算法升级，具体可以从以下几个方面进行说明。

1.协同工作

云计算能够与智能设备协同工作，可以为相关工作人员提供有效、准确的数据分析结果，使企业做出的战略决策更精准。

2. 加速转型

随着技术的频繁升级，企业的数字化转型意识增强。云计算能为企业提供更精准、高质量的数据，让企业在不受任何干扰的情况下加速完成数字化转型。

3. 商业化智能决策

在决策方面，企业可以通过云计算的智能数据分析与存储功能实现智能决策。对于企业来说，市场营销数据、业务数据、财务数据都是非常重要的数据。企业只有对这些数据进行整理与分析，才能更好地了解自己薄弱的地方与关键优势，弥补自己的短板，尽快达成发展目标。

4. 技术需求持续增强

云计算已经成为很多互联网巨头或新型互联网企业优先发展的重要技术之一，因为它能够帮助企业更灵活地应对市场竞争。根据云计算的发展趋势来看，教育、医疗、金融、零售等领域对云计算的需求不断增强。例如，在教育领域，云计算可以支持并引导学生发挥其特长与天赋，为我国各领域培养高技术人才；在医疗领域，云计算可以对医疗大数据进行分析，为医生提供解决复杂医疗问题的新方法。

5. 发展出社交机器人、高级机器人以及个人助理

国外的互联网巨头，如谷歌、微软等，都先后推出了聊天机器人或个人助理等产品。这些产品通过大数据系统分析用户数据，从数据分析结果中获取用户的偏好，使人机交互成为可能，也让用户

的生活变得更智能。在社交机器人方面，国内有“小爱同学”“天猫精灵”等产品。

未来，当各项技术越来越成熟后，还会出现更多更高级的云计算应用。与此同时，企业的业务范围将会越来越广泛，数字化能力也会不断提高。

2.3.2 业务上云成为标配

业务上云主要指的是企业通过云计算技术将企业的信息与社会化资源相连接的过程。它的核心就是利用云计算技术推动业务创新，降低企业发展成本。

在这个新事物不断出现的时代，企业对云计算的新鲜感在逐步降低。但这不代表云计算逐渐被时代抛弃，而是云计算技术的应用范围不断扩大、程度不断加深。业务上云作为云计算的重要应用方式，成了企业数字化转型的标配。企业想要成功实现业务上云，需要做好3方面的工作：信息收集、需求评估以及风险分析。

1.信息收集

企业实现业务上云，需要先收集各类业务信息，做好事前调查工作，为实践做好充足的准备。

2.需求评估

企业从业务需求的角度出发，评估目前的发展状况，根据评估结果决定是否可以实行业务上云。

3.风险分析

企业对收集的信息进行归纳整理，分析企业业务上云的潜在风险，事先准备好相应的解决措施，让企业业务上云没有后顾之忧。

企业要想成功实现业务上云，就要做到以上3点。企业业务上云能提高企业在互联网时代的智能性，推动企业数字化转型进程不断加快，降低企业运营成本。

2.4 数字化转型与物联网

物联网是通过互联网将事物进行连接的网络，它是互联网的一种延伸，是企业数字化转型的关键。对企业而言，物联网可以帮助企业用最快的速度了解用户，获得用户的数据，提高用户的满意度。

2.4.1 万物互联已经实现了吗

万物互联，顾名思义，指的是人与人、人与物、物与物之间能任意连接。但是万物互联还未完全实现。

随着5G的普及，万物互联很有可能在未来的某一天成为现实。到那时，企业能采集到更多、更复杂的数据，经过大数据分析后，企业能够全面了解用户的情况，和用户进行更多样、更深入的互动。

“工业4.0”的概念在2011年德国举行的“汉诺威工业博览会”

上被提出。德国人工智能研究中心董事兼行政总裁沃尔夫冈•瓦尔斯特尔（Wolfgang Wahlster）在会上表示："要通过物联网等媒介来推动第四次工业革命，提高制造业水平。"这足以说明物联网的重要性，企业应该继续开发物联网，早日实现万物互联。

2.4.2 物联网平台有什么作用

物联网一共分为4个层级：终端层（也叫感知层）、传输层（也叫管道层）、平台层（也叫物联网平台）以及应用层。其中，物联网平台主要在物联网中起到承上启下的作用，它的主要作用可以概括为以下两点。

1.成本优化

物联网平台可以对监控连接的设备进行实时分析，确保设备能够正常运行，降低企业风险和成本。例如，某工厂的机器突然停止运转，工人发现之后需要将这个情况向上级报备，之后他们的上级再向上报备。经过层层报备，才能将这个消息传递给相关人员，相关人员再寻找专业人士修理机器，企业的生产效率大大降低。如果企业拥有物联网平台，那么物联网平台就会持续监控工厂的机器，当它预测机器可能出现问题时，就会及时向相关部门报备，这样机器能够更快得到维修。

2.智能行业的基石

企业可以运用物联网平台让更多基础设施连接移动网络。例如，智能水电表、车辆物联网等都运用了物联网平台，为更多用户提供方便。

随着时代的发展，物联网的应用愈加广泛。越来越多的企业认识到物联网平台的重要性，将物联网平台作为企业数字化转型的重要组成部分。

2.5 数字化转型与区块链

区块链能为企业提供一个可以信任的环境，帮助企业解决数字化转型过程中的信息真伪性的问题，保障企业的信息安全，促进企业更快实现数字化转型。

2.5.1 区块链其实是一个分布式账本

数字化使得纸质数据逐渐被电子数据取代，这些电子数据可以被记录在区块链中，使区块链成为一个分布式账本。所谓分布式账本，其实是一种去中心化的数据记录方式，它在安全程度和易用程度上要远远优于传统的账本。

分布式账本产生于区块链，在计算机技术和密码学技术的支持下获得了验证，使得横跨网络的参与者能够在总账的有效性方面达成共识。分布式账本的出现使企业记录数据的成本大大降低，同时也对算法创新产生了巨大影响。

因为分布式账本的每一个记录都对应着一个时间戳和一个密码签名，所以交易都是可追溯和审计的。若要改动分布式账本中的数据，必须得到接入网络的多数参与者的确认，而且任何一处改动都会在每一个相对应的副本中体现出来。

总的来说，分布式账本可以追溯所有信息，还可以对每个节点进行监督，以维护市场秩序。另外，因为每个节点上都有账本的完整副本，所以账本被篡改的可能性非常低，即使一部分数据被篡改，也可以通过数学算法循序甄别出来。

分布式账本的数据库是共享的，它的去中心化特征能够把所有的信息都公开地记录在账本上，其不可篡改性保证了信息真实、有效。

如果可以把区块链的分布式账本应用到数据和信息的存储上，就能从根本上解决诸多问题。在这一方面，微企链是一个典型应用。微企链是腾讯与联易融共同打造的“区块链+供应链金融+ABS（资产证券化综合信息服务）”平台，运营不到1年，就为多家公司和银行提供了服务。微企链的服务涵盖地产、能源、汽车、医药等领域，流水达到百亿元级别。

借助腾讯的Trust SQL区块链平台，微企链将底层资产信息、各环节操作信息、资金流信息、账款信息等，统一记录和存储在分布式账本中。这样可以保证信息的安全性以及可追溯性，从而防止信息被随意篡改。

在付款时，微企链会保留付款信息，还会将付款信息与分布式账本中的信息进行比对。如果比对结果不一致，那么交易便无法正常进行。通过双重校验，微企链可以确保用户权益，极大地降低操作风险。

2.5.2 关键点：用区块链解决信任问题

区块链上的所有信息都是唯一且真实的，而且这些信息无法篡改，这能很好地解决交易中的信任问题。因为交易中每个节点的信息都被记录并保存下来，所以交易的每一步都是可以追溯的。如果交易出现了问题，通过追溯交易各节点的信息，就可以明确交易是在哪个节点出现了问题。这对交易双方信任关系的建立是十分有利的。

越来越多企业将自身业务与区块链结合在一起，希望在数字化时代实现新的突破与发展。例如，京东成立了“京东品质溯源防伪联盟”，用区块链搭建京东防伪溯源平台，以实现线上线下商品的追溯与防伪，加强品牌方与消费者之间的信任。

例如，消费者在京东商城中购买了肉制品，就可以通过包装上的溯源码查询肉制品来自哪个养殖场以及喂养饲料、产地检疫证号、加工企业等信息。此外，消费者还可以在溯源信息中查看商品的配送信息。

通过区块链防伪溯源平台，非法交易和欺诈造假等行为都将无处遁形。在区块链防伪溯源平台上，京东向品牌商和零售企业提供4种技术支持：数据采集、数据整合、数据可信、数据展示。京东已经与科尔沁牛业达成合作，消费者在京东商城购买科尔沁牛业产品，就能够从牛肉养殖源头环节全程追溯产品信息。

未来，区块链防伪追溯平台将以京东商城为中心持续扩展，实现供应商、监管机构、第三方认证机构在联盟链节点方面的整体部署。京东将区块链防伪溯源平台的使用经验逐渐导入线下零售领域，引领“科技零售”“可信赖购物”的新风尚。

2.5.3 区块链与供应链的“化学反应”

供应链起初是一个极具创新性和变革性的想法，因为供应链增强了产品转移路径的可见性和可控性。但企业如何管理供应链是一个难题。随着市场经济的发展，企业生产和供应的产品种类更加多样并且产地十分分散，这使得企业管理供应链的难度加大，供应链的优势也无法显现。

而作为分布式账本的区块链具有信息溯源能力，可以协助企业管理供应链。很多企业都在研究如何能更好地利用区块链加强供应链的管理，让区块链与供应链之间产生奇妙的“化学反应”。

例如，沃尔玛致力于实现食品生产、运送等流程的透明化，让用户知道食品来自哪里，增加用户对沃尔玛的信任。沃尔玛与IBM达成合作，让IBM记录沃尔玛与供应商之间的所有交易。沃尔玛每一款产品的信息都被安全、快速地存储在区块链上，用户可以对商品进行溯源，了解产品的生产过程，这提升了用户对沃尔玛的好感度和忠诚度。

很多零售企业都希望优化自己的供应链，而区块链可以帮助这些企业实现该目标。区块链在供应链端的应用能够使供应链管理迎来新的发展，区块链可以为商品的溯源和跟踪提供支持，让商品作假变得不可能。

第3章

战略布局：制定数字化转型方案

著名管理学家乔尔·罗斯曾经说过：“没有战略的企业，就像一艘没有舵的船，只会在原地转圈。”企业在实施数字化转型之前，应该先制定一个战略方案。

3.1 常见的数字化转型误区

数字化转型是一个非常复杂的过程。一些企业在数字化转型过程中陷入误区，比如，认为付出高成本才能实现数字化转型、商业模式与数字化转型无关等，导致企业数字化转型出现失误或最终的效果不理想。

3.1.1 付出高成本才能实现数字化转型

对转型成本预估过高是很多企业的通病。有些企业管理者对数字化转型的认知不足，在了解到数字化转型所需的资源和成本后，很快质疑甚至否定，从主观上拖慢了企业数字化转型的进程。

企业想要实现数字化转型，确实需要付出一定成本，但企业可以选择大刀阔斧地转型也可以选择循序渐进地转型。最关键的是，企业管理者要树立数字化转型意识，不能排斥数字化转型。那么，企业应如何用低成本循序渐进地进行数字化转型呢？

1.和平台服务商合作

如今，影响消费者购买产品的因素非常多，这要求企业具备强大的信息收集及分析能力。然而搭建信息收集及分析系统在时间、精力、财力方面耗费巨大，只有少数头部企业可以做到。中小企业可以与市场信息收集、分析的平台服务商合作，降低自建信息收集及分析系统的成本及风险。

2. SaaS模式

一般来说，进行数字化转型的企业都需要一套复杂的系统来完成数据收集、分析以及趋势预测。这套系统从设计到投入使用，最少需要半年时间，而且企业还要留出各个部门适应系统的时间。也就是说，至少需要一年时间，才能初步看到系统的成效。

而市场情况瞬息万变，一年前的系统可能已经不能满足当下的市场需求了。对此，企业可以使用SaaS（软件即服务）模式，通过租赁的方式，快速上线系统。这样既避免了系统设计和使用脱节的问题，又能降低企业数字化转型的成本。

3. 小步快跑

在数字化转型的过程中，很多企业都想一步到位，但这样会让转型成本飙升，也会使产出周期延长、能效变低。资金不足的企业切忌照搬大企业的实践经验，而是要根据自身的实际情况，从最能看到产出的地方开始转型，由点及面，逐步铺开，从而降低转型的风险。

数字化转型不是一蹴而就的，控制好风险和成本，才能未来可期。

3.1.2 商业模式与数字化转型无关

很多时候商业模式的好坏直接决定了企业的成败，因此，商业模式创新是数字化转型中的重要一环。要推行数字化转型，很重要的一点就是从业务的角度描述价值。企业数字化转型不是IT部门做一个软件那么简单，它需要与公司的发展战略对齐，并获得业务端的信任与支持，这样企业数字化转型才能不流于表面。关于商业模式，企业需要明确以下几点。

1. 商业模式不仅是盈利模式

很多人认为，商业模式就是盈利模式，实际上，盈利模式只是商业模式的一环。虽然盈利模式很重要，但其并不是商业模式的全部。企业不仅要找到赚钱的点，还要看到赚钱的逻辑。不同企业的盈利模式可能是一样的，商业模式却不同。

2. 商业模式重视与利益相关者的关系

好的商业模式会把各个利益相关者巧妙地联系在一起，平衡各方的利益。如果对某一方明显不利，那么这种商业模式就不会持续。而这种可能存在不利的情况也为商业模式创新提供了机会。例如，360安全卫士正是基于原有模式的不利点，重新构建了相关利益者的关系，成功推动了商业模式的优化。

3. 商业模式给了企业重新审视资产的机会

如今，资产已经不能支撑企业构成竞争壁垒了。大部分优秀企业都是轻资产企业，因为固定资产会产生折旧损失，还会占用很多资源，实际上企业不需要那么多固定资产。因此，在商业模式设计中，企业可以考虑将固定资产重新整合，给企业减负，以提高经营效率。优秀企业经常思考如何在没有资源的情况下达到目标，这样设计出来的商业模式远比资本推动的商业模式更优秀。

4. 需要与竞争对手的商业模式进行比较

企业需要通过比较来评价商业模式的好坏。如果一家企业先建立了某个成功的商业模式，那么其他企业通过模仿获得成功的概率是非常小的。除非其他企业能找到特别有区分度的定位，否则怎么都不会超过开创这个模式的企业。

5.商业模式需要考虑怎么把消费者纳入系统中

移动互联网时代，企业与消费者的沟通成本越来越低，这极大地降低了企业获取消费者认知的成本。因此，一个好的商业模式需要考虑与消费者的互动问题，让消费者有参与感。

3.1.3 没有专业人才也可以成功转型

缺乏数字化专业人才是制约企业数字化转型的一个重要问题。是否拥有一个由专业的技术、数据、流程人员组成的团队，是一家企业能否转型成功的关键。虽然通过自我学习和摸索，企业或许也能够转型成功，但拥有优秀的专业人才会让数字化转型事半功倍。数字化转型需要以下3个领域的人才。

1.技术领域人才

从人工智能到物联网，新兴技术越来越多。虽然这些新技术越来越便于使用，但要将这些技术用于数字化转型，使这些技术适应企业的业务需求，是极其困难的。企业需要技术领域的人才解决这些问题。

2.数据领域人才

数字化转型对企业的数据质量要求很高。很多企业明知这一点，却没有把适当的人才安排到位，导致大量数据资源浪费。在数据方面，企业需要拥有有广度和深度的人才。数据领域人才要具备牵头制定数据规划及数据管理标准规范、组织开展大数据业务平台规划方案设计、牵头数据治理规划建设等能力，以便帮助企业获得更多高质量的数据。

3.流程领域人才

企业进行数字化转型要有端到端的思维，以过程为导向适应新需求。流程管理难以与传统的等级观念协调，在数字化转型的过程中，企业需要寻找流程领域人才，改进现有流程并设计新流程。流程领域人才要有战略意识，知道什么时候改进流程，什么时候再造流程。

此外，在企业数字化转型团队中，还需要有一位变革领导者。他要具备领导能力、团队精神、敢于改革的魄力、高情商，还要精通企业业务，积极而专注地推动企业数字化转型。

3.1.4 只会模仿即可，其他不重要

很多企业认为，只要升级硬件、更新系统，就能有立竿见影的回报。事实上，这些企业无法依靠新技术真正提升经营水平。这些企业的问题在于：第一，认为变革是一蹴而就的；第二，缺乏对数字化转型的战略思考，在实战中只是“东拼西凑”。

对此，许多企业竞相模仿互联网企业，希望窥得一条数字化转型的捷径。但是，一味地将互联网企业的模式当作“万能灵药”，不

思考自身业务的痛点，只会适得其反。另外，盲目投入资金模仿互联网企业的模式，也会影响主营业务的研发。

对于传统企业来说，进行数字化转型不等于抛弃主营业务，盲目跟风只会自乱阵脚。企业应采取多层次的数字化转型方案，一边运用数字化技术升级现有业务，一边增强投资能力，创造新业务，实现可持续发展。

管理者必须明白，数字化转型不是锦上添花，而是“雪中送炭”。数字化转型工作不能只在某个部门中开展，而是要成为企业上下的共识，让数字化贯穿整个组织和所有职能部门，使之在运营的各环节落地。

3.2 数字化转型从战略变革开始

战略变革指的是企业为了在市场竞争中获得持续性的优势，根据市场环境的变化而不断做出改变的过程。企业要实现数字化转型，首先就要先洞察市场环境，从战略变革开始。

3.2.1 为什么要数字化转型

“要么数字化，要么被淘汰。”这是Sourceability执行总经理王震旻在一次领袖峰会上发表的观点。实际上，很多企业都没有认识到拒绝进行数字化转型的危害，它们进行数字化转型只是迫于时代的压力。那么，数字化转型有何意义，企业为什么要进行数字化转型呢？

首先，未来的世界将是数字化世界。这是麻省理工教授尼葛洛庞帝在《数字化生存》中提出的观点。他在书中提到，未来人类将生活在一个虚拟的、数字化的空间中，并在这个空间中利用数字技术进行沟通、学习、工作等社会活动。在某种意义上，进行数字化转型就是在顺应时代发展的潮流。

其次，数字技术使企业的运营模式发生变革。随着数字技术的发展，用户接触产品的渠道与路径逐渐向数字化方向发展，这推动了企业的营销、采购等环节的数字化进程，改变了企业原有的运营模式。这种改变在提高企业生产力的同时，也对社会的生产关系产生影响，最终达到新的平衡。

最后，数字化时代将出现更多的发展机遇，企业更新迭代的速度将会加快。如今，单片机的晶体管数量超过人脑细胞数量，企业可以利用智能机器人节省人力成本。这将进一步加剧企业间的竞争，没有坚实的数字技术作为战略支撑的企业，很轻易就在激烈的市场竞争中落败。

3.2.2 数字化转型应该从战略布局入手

企业的数字化转型牵一发而动全身，它打通企业的全域系统、流程，实现企业的整体优化。数字化转型要求企业集中整合过往数据，深入挖掘数据资产价值。企业要先转变理念，打好战略基础，为数字化转型后续工作指引方向。

下面以A企业为例，对数字化转型中的战略转型进行说明。A

企业依靠早年市场的快速扩张，曾一度成为行业内的领头羊。A企业的经营战略是主打线下高端实体经营，其线下经营模式广受客户欢迎。随着时代的发展，客户的消费需求和消费行为有了很大的改变，线下经营的模式不再受客户欢迎。

A企业逐渐意识到，互联网时代的市场竞争异常激烈，稍有不慎就会被淘汰。而由于消费群体、市场需求的变化，传统的线下经营模式已经不能顺应时代发展。挑战和机遇往往相伴而来，互联网的发展和科技的进步给A企业的发展带来另一种可能——线上经营与线下经营相结合。A企业开始积极探索新的出路，将经营模式转变为以线上经营为主、线下经营为辅，带给客户不一样的消费体验。

A企业与某互联网公司联手开发了一个数字化平台，通过大数据技术集中整合A企业线下实体门店的经营数据，进一步完善A企业原有的产品供应链，打造“人、货、场”数字化、一体化的线上经营模式。该平台利用底层数字化技术为A企业赋能，使A企业的服务能力与运营能力均得到提高。A企业趁势推出新的产品，通过AR、VR、3D立体展示等技术，为客户提供数字化的交互方式。线上的数字化平台和线下产品的试用，使客户获得了“线上+线下”一体化的消费体验。

A企业的经营战略转型很成功。客户通过A企业的数字化平台挑选产品后可以直接下单，也可以在线下试用产品后再在线上下单购买。依托“线上+线下”一体化的经营战略，A企业主推的一款产品的销售额增长了200%，有46%的新客户来自线上。在2021年“双11”期间，A企业的订单同比增加8倍。

截至2021年12月，A企业的“线上+线下”一体化经营战略已经拓展到多种场景，许多品牌都与A企业开展合作，将自家产品发布到A企业的数字化平台上。除了一二线城市的客户外，三四线城市的客户也可以通过A企业的数字化平台挑选各种线下不常见的产品。

A企业数字化平台负责人认为，打造数字化平台的目的有两个：一个是A企业自身可以开拓更广阔的市场，抢夺那些没有线下经营场所的城市的客户；另一个是帮助更多品牌进入三四线城市的市场中，使它们与A企业实现共赢。

不难看出，在互联网时代，传统企业必须要做出改变，但数字化战略转型也绝非简单调整企业经营战略那么简单，而是一场“人、货、场”全面升级的数字化变革。

3.2.3 整合外部资源，各方共建生态

广东一家企业通过资源整合成功实现了转型升级，其主要做法如下。

1.需求定位

这家企业转型前的痛点是产品销量少、赊账多、传统进货渠道少。于是该企业发明了一种O2M模式，即线上与线下相结合的模式，用户可以在线上下单，在实体店取货。

2.获取精准用户

这家企业和车险企业合作，定向向有车一族销售高端红酒、皮具等产品。这些用户有一定的资金实力，且以男性为主，非常符合产品的定位。

3. 三方共赢

这家企业和一个保险公司合作开发了一个平台，通过这个平台，消费者和商家能够实现对接，即车险和高档产品对接。如此一来，没有了中间商，既能降低价格，又能让企业从中获得利润差。

消费者在这个平台购买产品可以获得18%的返现或兑换等价值的产品，消费者获得了切实的利益。而商家不仅多了一个卖货渠道，还提高了品牌知名度。通过这个平台，商家相当于在全国开了无数家分店，节省了招商、营销推广等费用，只要铺货就可以了。

平台通过资源整合为消费者提供了更优质的产品。很多商家都发愁没有流量，有了这个平台，消费者就能在网上寻找自己所需的产品，去线下实体店提货。这样既保障了商家的流量，又可以让商家和消费者直接对接，降低了产品价格。

3.3 如何制定数字化转型方案

了解了数字化转型的误区以及如何在数字化潮流中进行战略转型，企业就可以从自身实际情况出发，综合考虑多方面因素，制定适合自身发展的数字化转型方案。下面通过几个具体的案例，讲述企业可以从哪些角度入手制定数字化转型方案。

3.3.1 时刻关注用户的需求

Tumblr（汤博乐）是全球轻博客网站的始祖。Tumblr是一种介于传统博客和微博之间的媒体形态，既注重表达，又注重社交，而且注重个性化设置，是最受年轻人欢迎的社交网站之一。

戴维·卡普刚开始创建Tumblr时，仅是为了满足个人需求。当时博客虽然已经成为人们生活中不可或缺的一部分，但是只有文字编辑功能，用户的其他需求无法在博客中得到满足。戴维·卡普意识到了这一点。

戴维·卡普站在大众角度创建了这个以用户为中心的轻博客，在创建不到5年的时间里，轻博客就得到了众多年轻用户的拥戴，成为十分流行的社交网站之一。戴维·卡普将Tumblr之所以会有这样的成功归功于Tumblr具有“更多东西”这个愿景。Tumblr与博客之间的最大区别是，它不仅有空白的文字编辑框，还加入了多元化要素，如照片、音频和GIF动画等。

除了Tumblr外，YouTube也积极践行以用户为中心的发展策略。YouTube之所以能够持续发展到现在并变得如此强大，是因为实现了用户与产品的融合。YouTube团队对产品的发展提出很多假设，但是通常会先让用户验证这些假设，之后才进一步决定团队是否应该将假设具化为新功能。正如YouTube的联合创始人Chad Hurley所说：“我们对于YoutTube这个产品的发展其实有着很多的想法。比如可以效仿PayPal和eBay，我们可以把YouTube做成非常强大的视频融入拍卖的方式，但是我们并没有看到我们现在的用户会这样使用我们的产品，所以我们并没有增加这些功能。”

想要生产出受用户欢迎的产品，企业在研发产品时，不能盲目地以自我为中心对假设给予肯定，而是要倾听用户的心声，明确设计的产品是否真正满足用户的需求。最好的方式就是通过用户对假设进行验证，根据用户的反馈对产品做出调整。

亚马逊作为美国最大的网络电子商务公司，目前已经在全球范围内实现了网上零售。公司的发展和壮大离不开创新，而创新离不开用户反馈的真实信息。亚马逊创始人Jeff Bezos曾说："我们通过用户的反馈进行创新，然后又反过来为我们的用户做贡献。这成为我们进行创新的试金石。"

亚马逊自创建以来，一直秉承着用户至上的原则。即使亚马逊现在已经成为全球在线零售巨头，发展十分迅猛，但亚马逊依旧坚持这一原则。

从Tumblr、YouTube及亚马逊的成功中可以看出，企业不能有"火箭发射式"思维，陷入自己设计的宏伟蓝图中，而要从实际出发，促使思维方式从以自我为中心向以用户为中心转变。

3.3.2 瞄准一个领域做单点突破

Webvan曾是美国一家非常受欢迎的在线生鲜杂货零售商，但运行两年后就宣告破产。后来亚马逊逐渐进入在线生鲜杂货领域。当时亚马逊的规模相当巨大，位列在线零售商第一位。它完全可以像Webvan一样快速复制产品，大规模创建仓库和铺设网络，但是亚马逊并没有这么做。

亚马逊做出的第一步是从西雅图这个科技快速发展、可带动生活方式发生巨大改变的城市切入，进入生鲜杂货领域。亚马逊开始没有覆盖西雅图的整个城市，而是仅覆盖了居住密度最高的几个高端住宅区。

亚马逊在5年的时间里不断在西雅图测试生鲜杂货行业的商业模型，多次测试和调整后，效果非常理想。于是亚马逊选择洛杉矶作为第二个切入点。洛杉矶和西雅图一样发达，人们对新事物的接受程度也很高，采取与西雅图同样的方式切入更容易成功。

亚马逊为了寻找用户痛点，采取缴纳年费的方式过滤“天使用户”。“天使用户”对产品和服务的要求都是极高的，但是他们有着很高的黏性。亚马逊为了检测自己的新项目能否在市场中顺利推广，选择“天使用户”进行验证和测试，这才造就了亚马逊后期的成功。

猎豹移动CEO傅盛曾在一场关于“颠覆式创新”的分享发布会上提出自己对精益思维中的“单点突破”的看法，内容如下。

1.把市场边缘变成新赛道

进入一个新市场的最好方法就是从边缘切入，一步一步地攻入内部，在其他人还没有察觉的情况下，在市场中抢占先机。

2.很多小的需求都是未来的风口

从古至今，很多变革都源自一些微小、不易察觉的需求。例如，在手机还未普及的年代，手机只是一些商务人士的必需品。但随着移动互联网的发展，人们对社交的要求逐渐提高，手机就变成人们的必需品。

3.极简切入，就是从一个点开始

创建微信红包的团队只有十几位成员。微信红包不过是微信中的一个功能而已，但是就是这么一个小功能却打破了阿里巴巴在移动支付领域的布局，成功为微信带来了大量的用户。可见，在如今这个时代，一个好的破局点，就可能改变整个行业的风向。

从亚马逊的案例中可以得知，亚马逊在“火箭发射式”的系统思维中吸取教训，借鉴精益思维，根据“单点突破”原则寻找用户痛点，及时对新项目进行测试和调整。在进行“单点突破”时，采用聚焦“天使用户”的方式，根据“天使用户”的反馈改进项目中存在的问题，从而提高项目的需求度。

3.3.3 巧妙利用迭代思维

在互联网时代，迭代思维被众多公司应用在产品开发中。

亚马逊AWS云服务最初只能为用户提供一些计算、网络互联等基本服务，但随着互联网的飞速发展，用户的需求也在不断增加，亚马逊公司开始投入大量的人力、物力资源，对云服务进行迭代。仅用了一年时间，云服务便增加了280个新功能，满足了用户的多元化需求。

下面讲述谷歌的产品迭代之路。谷歌对安卓系统的升级并没有采取传统意义上的“闭门造车”模式，而是使用了迭代策略，根据用户的反馈寻找用户需求，再根据用户需求不断升级产品。谷歌秉持着开放的态度与用户互动，在产品的每个迭代周期内，都把用户的意见和建议纳入产品开发中，对产品进行创意改良。这样的开发模式对公司有两方面的帮助：第一，公司能够掌握用户的需求，从而在开发产品的过程中少出现错误；第二，产品与用户有了情感连接，可以提高用户对产品的忠诚度。

传统的产品生产模式看上去很完美，但产品要经过调研、设计、研发等环节，等到产品十分完善再投入市场。实际上，这种模式存在着诸多缺陷，如周期长、效率低、成功率低等。

在如今这个用户需求多元化及用户对产品的功能、质量要求较高的时代，传统的产品生产模式逐渐落伍，迭代思维已经将其替代。

迭代思维能够顺应时代的要求，在产品研发的每一个阶段都检查产品的质量，对产品进行优化。并在每一个阶段快要结束时，对产品的问题重新评估，在下一个阶段解决重新评估后的新问题。

微信和小米手机也是在不断的迭代中实现了更好的发展；微信从最初的简单聊天工具，变成集通信、社交、商务、金融于一体的平台，被国内众多用户接受和认可；小米在多年的发展中，不断优化系统，更新升级，至今已经拥有了几千万的忠实用户。

类似于亚马逊AWS云服务、谷歌、微信及小米手机这样的迭代案例还有许多。它们的共同之处在于：与传统产品生产模式追求的“完美主义”“一鸣惊人”大不相同；采取迭代思维研发产品，不断地发现问题、解决问题；循序渐进，在最短的时间内快速改进创新成果，大大提高产品生产的效率。

快节奏的生活使人们对效率有了更高的要求，迭代思维满足了人们的这种要求。迭代可以使产品获得广大用户的青睐，迭代遵循“将产品投放市场—寻找用户需求—调整完善产品—再次投放产品”的循环过程，使企业与用户有了更加深入、及时的互动。

看重速度、坚持对产品进行优化、强调用户需求的迭代思维，表面上看是在不断重复一种模式，实则并不是单纯地复制粘贴，而是一种螺旋式上升。

任何成功的事情都是从细微之处做起的，产品创新的成功不在于产品的“一鸣惊人”“一飞冲天”，而在于不断迭代，更贴合用户需求和时代变化。对企业来说，在当前技术更新快、用户需求多样化的大背景下，迭代思维是企业进行数字化转型必须具备的思维。只有时刻观察用户的需求变化，不断地对产品进行迭代，产品才能在市场中占据一席之地。

3.3.4 试错是数字化转型必经之路

如果想在产品功能中增加一项在线预订功能，你会怎么做？大众点评做出的第一步是在浏览页面给自己平台上的商家头图打上“预订”标识。如果用户想要预订这个商家的产品，可以点击进入商家的详情页面，此时，用户会收到一个“此项功能正在开发，请稍事等候”的提示。这个简单的测试，让大众点评获取了大量的点击量数据。这些点击量数据验证了用户对“预订”这项功能的需求度比较高。

接下来，大众点评做了第二个测试：呼叫中心的客服人员，通过电话和商家确认用户“预订”的订单，然后将预订是否成功的结果反馈给用户，使整个“预订”环节形成闭环。通过两次测试，大众点评了解到很多用户对“预订”功能有着很高的需求，这说明，设计的解决方案在市场上是行得通的。

大众点评在测试过程中也在不断地发现问题，如人工处理订单不但成本过高，而且效率十分低下。对此，大众点评希望通过研发一套语音预订系统实现自由预订，但是系统的研发成本是不可估测的。

为了使系统研发成功的概率增大，大众点评找来专业人士。大众点评与天润融通达成合作，经过商谈，最终确定的解决方案是把天润融通的云呼叫中心平台与大众点评的网站、用户端对接。

当用户点击某个商家的“预订”标识后，云呼叫中心平台就会收到信息，自动联系商家，商家只需要点击相应按键就可以决定是否接单。商家点击按键后，云呼叫中心平台会将预订是否成功的结果反馈给用户。

这种解决方案速度快、效率高、成本低。此方案的推出，大大推动了大众点评“预订”功能的研发进程。大众点评通过此次成功转型，开启了在O2O（Online To Offline，线上到线下）领域的新纪元。

大众点评对自己假设的产品不断地进行测试，反复地进行科学试错，最终确定了产品在市场上是否行得通。这种小步快跑的方式，在很大程度上节约了公司的研发成本和时间，为公司的顺利发展奠定了良好的基础。

想要知道变革的道路是否可行，就要对产品不断测试、验证。企业可以先按照假设设计出最小可行产品，突出产品的核心功能。然后通过科学试错的方法，不断地对产品进行测试，寻求解决方案。科学试错是推动企业在数字化转型中进行创新变革的有效方法。

第4章

发展规划：数字化转型五阶段路线图

很多企业都在进行数字化转型，但是最终能够转型成功的却很少，其中一个原因是企业没有系统、完善的数字化转型阶段规划。整体来看，数字化转型可分为以下5个阶段，分别是打基础、做突破、局部同步、全方位同步、巩固成果。企业要想成功地进行数字化转型，就需要根据实际情况和发展目标规划好数字化转型各个阶段的路线图。

4.1 第一阶段：把基础打扎实

俗话说，“柱无基不立，房无基不稳”。把基础打扎实是企业在数字化转型第一阶段应做的事。打好基础需要企业具备好的领导力和好的数字化转型方案，从而引导企业转型的道路和方向，帮助企业消除数字化转型中的一些阻碍。

4.1.1 领导者关注和推动数字化转型

关于数字化转型，企业的领导者需要具备以下4种思维。

一是断点思维。企业的发展往往会呈现出非连续、不确定性的特点。企业领导者在企业断点式的发展中应不断打破“围墙”，建立新生态。其中，大企业需要构建平台、打造生态，中小企业需要加入平台、融入生态。

二是破界思维。领导者应注重企业与行业生态的破界融合，包括自身产业与其他产业的破界融合、线上线下的破界融合、软硬技术的破界融合等。

三是突变思维。数字化转型的关键是创新，领导者需要有与时俱进的思想和自我革新的激情，以开拓进取和不断探索的精神积极迎接数字化转型的挑战。

四是分布思维。企业领导者需要从单一聚焦思维转变为多项选择思维，尊重和关注企业中每个个体，充分激发每个个体的最大潜能，使企业的数字化转型工作分散在企业各层级中。

领导者应充分发挥智慧，推动企业的数字化转型。企业的数字化转型过程充满着不确定性，领导者需要根据企业发展状况审时度势，做出价值预判，制定应对策略，从而找到合适的转型切入点。此外，领导者还需要持续推进企业的科技创新和技术进步，将企业的技术转化为核心能力，打造良好的企业生态系统，从而减少数字化转型过程中的阻碍。

例如，江森自控的首席信息官南希·贝尔斯在企业数字化转型的过程中投入了大量现代技术，包括云计算、网络安全、机器人流程自动化和区块链等，从而为企业的数字化运营提供稳定的技术支持。此外，江森自控的领导者一直积极寻找合适的合作伙伴，定期派员工到硅谷与一些知名科技公司的负责人会面，致力于寻找推动自身数字化战略发展的新力量。

数字技术日新月异、快速演化。在企业的数字化转型过程中，领导者需要制定合理的战略，并充分关注企业的数字化转型进程，在企业的数字化转型过程中起到统领全局的作用。

4.1.2 迭代式执行数字化转型方案

2022年8月19日，主题为“数字转型迭代，动态定义未来”的“数字经济领航者峰会”于北京召开。其中，“数智转型，动态迭代”是峰会圆桌论坛的主题之一，引起各参会企业广泛讨论。

企业在数字化转型过程中可以规划需求、寻找缺陷、明确目标，不断对技术和商业模式进行升级，实现更高的业务价值。例如，2022年10月31日，金属加工液解决方案企业马思特中国正式发布数字化云项目，得到了汽车、航空航天等行业用户的广泛响应。马思特中国希望以“小步快跑”、快速迭代的方式执行数字化转型方案，从而实现企业与用户的双赢。

在销售、运营和用户服务等环节，马思特中国利用完善的数字化工具从传统的渠道销售模式向多样化的服务模式升级，利用大数据为企业未来发展提供更精准的数据分析，提升运营效率，从而实现企业的业务模式更新迭代。面对金属加工液状态难管理、人工效率低等问题，马思特中国的数字化云项目能够为用户提供更优质的数字化解决方案。

此外，马斯特中国计划建立一个用户大数据库，通过对用户大数据的分析、整合，实现对用户的反哺。马思特中国将数据定义为企业的战略价值组成，从而推动企业实现战略性、迭代式的发展。

数字化转型是众多传统企业更好地应对时代变革的有效举措之一，对传统企业来说，数字化转型是一次机遇，也是一次挑战。企业应注重数字化转型方案的执行过程，实现迭代式创新发展。

4.1.3 丹佛机场：行李处理项目为什么没成功

1992年，丹佛市计划为丹佛机场搭建一个集成自动化行李处理系统，该项目由BAE公司承建。由于该项目相关技术具有复杂性，BAE公司没有足够的集成自动化行李处理系统研发经验，再加上项目期限的制约，导致集成自动化行李处理系统在研发和运用方面遇到诸多阻碍。集成自动化行李处理系统初步完工后，丹佛市进行了系统化的测试，但结果并不理想，导致项目延期。

1994年，集成自动化行李处理系统经多次改良仍无法达到预期效果，宣告失败。该项目失败的主要原因在于BAE公司缺乏成熟的集成自动化行李处理系统研发技术和经验，以及系统的数字化执行方案。具体可细化为以下4点。

（1）没有制定清晰、规范的项目范围变更控制流程，对项目范围变更后存在的风险认识不足，导致整个项目的范围因各种突发问题而不断变更。

（2）没有可量化、可验证的建设标准，工作进程处于不可控、不可衡量的状态。

（3）没有完善的实施方案，缺乏足够的技术支撑。在原有的设计方案中，BAE公司并没有充分考虑集成自动化行李处理系统的规模和复杂性，在项目建设的过程中发现机场没有足够大的空间用于安装集成自动化行李处理系统；机场的建筑结构无法承受集成自动化行李处理系统的附加重量；不能够提供集成自动化行李处理系统所需要的稳定电力，也无法帮助集成自动化行李处理系统散发热量，导致系统无法正常运行。

（4）没有完善的项目跟踪机制。集成自动化行李处理项目是一个庞大的工程，在项目建设的高峰期，施工现场每天有1万名左右的职工同时工作。因为缺乏完善的项目跟踪机制，所以在项目建设过程中出现的问题无法被及时识别并解决，最终导致结果不可控。

丹佛机场集成自动化行李处理项目给其他企业的数字化转型带来了一些启示。在进行数字化转型的过程中，企业需要制定完善的转型方案，为数字化转型奠定坚实基础。

4.2 第二阶段：瞄准单点做突破

在木桶定律中，一只水桶的容量取决于最短的木板。如果木桶能突破短板的劣势，就能突出整个木桶的优势。企业的数字化转型同样如此，企业在数字化转型的过程中，应从局部出发，瞄准单点做突破。

4.2.1 找到合适的部门作为试点

为了加快数字化转型的步伐，确保数字化转型的成效，企业可以先在内部找到一个合适的部门作为试点。例如，企业可以选择业务的关键领域或产业链的关键环节所对应的部门作为数字化转型的试点，通过试点形成精准的、可复制的数字化转型方案。

企业可以制定一套符合数字化转型需求的实践方案，将合适的部门作为试点。在落实实践方案的过程中，企业应明确需求的优先级，有节奏地开展转型工作，从而聚焦高价值的任务交付需求。首先，企业需要招募、选拔和培养具备数字化技能的种子员工。其次，企业要让种子员工在企业中起到辐射带动作用，营造企业上下都参与数字化转型的氛围。最后，企业需要根据各个部门运转方式的不同，形成不同的落地方案，并根据各个部门的业务需求，持续完善部门架构。

在数字化转型过程中，企业需要脚踏实地地落实好试点部门中每一个小需求，以每一个小需求的实现推动整个部门数字化转型的发展，进而以试点部门的成功经验推进整个企业的数字化转型进程。

4.2.2 如何理解数字杠杆点

古希腊哲学家阿基米德有一句名言：“给我一个支点，我就能撬起整个地球。”数字杠杆点正是数字化转型的支点，也是企业数字化转型的关键所在。

以处理器研制企业英特尔为例，英特尔在数字化转型中主要有3个数字杠杆点。第一个杠杆点是英特尔系统中的增强回路。它的主要特点是能够自我强化，也就是系统每运作一次，就能获得更强的能力，从而运转得越来越快。

第二个杠杆点是系统的自组织。英特尔系统不需要外界力量的干预，能自行建立系统秩序，提高系统的有序性。自组织能够从一种组织状态自动向另一种组织状态转变，并能够用系统中新的要素替换旧的要素，从而实现系统的“自再生”和“自繁殖”。系统的自组织意味着系统的某个部分的变化能够推动系统自下而上的变革。

第三个杠杆点是范式转移。这也是英特尔数字化转型最关键的一步。范式转移需要构建一套全新的模式，将传统的代工模式升级为系统级代工模式，跳出老旧系统的束缚。英特尔十分注重系统级代工模式的转换，系统级代工模式主要由以下4个部分组成。

第一个部分是晶圆制造。英特尔继续推进摩尔定律，向用户提供制程技术，完善系统的晶圆制造。第二个部分是封装。英特尔为用户提供更加先进的封装技术，从而帮助芯片研发企业整合不同的制程技术和计算引擎。第三个部分是芯粒。英特尔通过芯粒的高速互链、开放、规范，帮助来自不同供应商的芯粒更好地实现协同。第四个部分是软件。英特尔运用开源软件工具加速产品的交付，使客户能够在生产前测试解决方案。

英特尔通过以上3个数字杠杆点成功摆脱了经营困境，激发了生机与活力，成为一家以数据为中心的计算机领域和半导体行业的全球领先厂商。

4.2.3 《华盛顿邮报》是如何摆脱困境的

在互联网时代，信息传播的方式越来越多元化。Facebook、Snapchat等互联网平台逐渐成为美国主流的信息获取渠道，这导致以《华盛顿邮报》为首的传统纸媒的订阅量大幅缩减，甚至面临破产的风险。2013年，《华盛顿邮报》正式拉开了数字化转型的序幕。其在数字化转型过程中主要采取了以下3种策略。

1.打造新闻的可视化

《华盛顿邮报》对可视化新闻进行了诸多探索和研究，并将地图新闻作为特色。在报道的信息中，《华盛顿邮报》穿插使用文字、图片和视频，使信息呈现形式更加多元、丰富。

例如，在2016年里约奥运会期间，《华盛顿邮报》创造性地推出了“可视化的里约2016”系列专刊。《华盛顿邮报》采用交互图表的方式呈现出各个国家赢得的奖牌数量，以不同的人形图案代表不同的国家，每个人形图案下方的黄、银、橙3色圆点分别代表铜牌、银牌和金牌。读者将鼠标放在相应的圆点上就能够看到具体的奖牌数量。例如，当读者将鼠标放在代表中国的人形图案下方的银色圆点上，就能够看到如下信息：男子85公斤级举重获奖者田涛。《华盛顿邮报》的数字化期刊，生动形象地呈现了里约奥运会的精彩内容，充分彰显了新闻交互性和可视化，赢得了读者的广泛关注与认可。

2.创新新闻形态

《华盛顿邮报》对数字技术进行创新应用，设计符合读者新闻接收终端特征的新闻形态。iPhone、iPad等移动终端设备大部分都预装了苹果新闻App，这些移动设备的用户无疑是一个庞大的读者群体，《华盛顿邮报》计划为这一群体定制新闻信息。于是，《华盛顿邮报》将苹果新闻App上的选举报道变更为《华盛顿邮报》的独立项目——“Election Essentials（选举要点）”，从而获得庞大的读者群体。除此之外，《华盛顿邮报》还研发了适配于苹果智能手表、PC终端的新闻界面，以扩大受众范围，增加与读者互动的机会。

3.开辟数字化盈利模式

《华盛顿邮报》不仅在新闻形态上进行了数字化创新，还在盈利模式上进行了数字化升级。《华盛顿邮报》通过出售内容管理系统“CMS”拓展业务范围，与电商平台亚马逊进行捆绑与融合，从而打造消费者与读者双向流动的闭环。

《华盛顿邮报》不断分析读者需求，加强数字技术创新应用，打造丰富的数字化新闻形态，成功走上数字化转型之路，在数字化时代迎来新发展。

4.3 第三阶段：局部同步

当企业已为数字化转型打好基础，并取得了单点突破成功后，就可以将单点的成功经验复制到其他环节和领域，从而扩大方案的执行范围，实现数字化转型的局部同步。

4.3.1 营造有利于变革的环境

和谐稳定的环境是企业进行数字化转型的助推力。面对激烈的市场竞争以及投资者、供应商、竞争者、政府等各种外在因素的影响，企业能否营造有利于变革的环境，是企业数字化转型成败的关键。以下是企业营造和谐稳定的变革环境的3个措施。

1.进行资源整合

企业应将各项资源充分整合起来，强化资源的拉动作用。企业应充分发挥设计、生产在数字化转型中的重要作用，注重提升科技研发水平，加大产品研发力度，提升产品科技含量。此外，企业应尽可能地与拥有特定资源的中小企业合作，整合中小企业的力量，充分释放企业的潜力和张力。

2.搭建产学研服务平台

企业可以依托科研院校的集聚优势，整合院企的优势资源，搭建产学研服务平台，实现院企强强联合，促进技术创新和企业数字化转型。

3.完善人力资源体系

企业应积极开展人才培养、技术支持、管理咨询等讲座和培训，不断引进创新创业人才和高端技术人才。企业应为人才成长提供全方位支持，使人才价值最大化，构建完善的人力资源体系，从而更好地为企业数字化转型营造和谐稳定的环境。

和谐稳定的环境是企业数字化转型方案落地的肥沃土壤。企业应重视环境的作用，充分整合内外环境的有利因素，尽可能地减少环境冲突，推动企业数字化转型进程。

4.3.2 数字化转型背后的“组合拳”

在风起云涌的数字化时代，实行数字化转型是企业探索新机遇的重要途径。企业应围绕数字化转型核心要点，制定系统的转型战略，打出一套“组合拳”。

不同的企业有不同的数字化转型“组合拳”。以房地产开发企业蓝光发展为例，蓝光发展将数字化贯穿企业经营与管理的全过程，不断加快数字化、标准化、平台化建设，打出一套强大的数字化转型“组合拳”。

在组织管理上，蓝光发展成立数字化委员会和数字化建设专项小组，负责数字化转型的重大事项决策。蓝光发展还定期召开“CEO数字化双周会”，分析数字化转型中的问题，寻找解决方案，及时做出战略调整。

在数字化文化培育上，蓝光发展推行“变革文化”“客户至上文化”等。蓝光发展号召企业高层用数字化手段变革决策、管理方式，并始终以客户为中心，用数字化的理念运营客户，提升客户满意度。

在生态合作上，蓝光发展与政府、行业协会、科技企业、科研院校等机构合作，构建地产科技生态圈。蓝光发展与数据中台贯通，以实现不同职能间的数据打通。例如，建设管理驾驶舱系统，从而使企业能够快速响应市场变化，及时调整业务方向。

在智能化创新上，蓝光发展建设了AIot智能人居平台。蓝光发展通过蔚蓝实验室孵化了智能化的蓝光AI社区，不断推动智能人居平台的发展和完善，提升企业产品和服务的品质。

蓝光发展致力于新技术、新能力的发展，加快业务板块的数字化赋能，不断驱动企业生态板块的完善。在数字化战略的引领下，蓝光发展打出了一套铿锵有力的“组合拳”，取得了丰硕的数字化转型成果。

4.4 第四阶段：全方位同步

进入第四阶段意味着企业的数字化转型已经小有成效。企业要想规避未来发展中可能面临的颠覆性冲击，就要将数字化转型战略进行全方位同步，使数字化转型成为企业持续发展的有力武器。

4.4.1 培养新一代IT能力

随着数字化时代的发展，IT能力在企业发展中的作用越来越大。企业应着重培养自己的新一代IT能力，将IT能力作为新型“发动机”，为企业的运营和发展提供支持。

首先，企业要打造更灵活的IT系统。以往复杂的IT系统顺应了企业规模化发展的需求，但在当下数字化变革的时代，企业需要创造更加灵活的IT系统，以实现数字化新发展。以亚马逊为例，亚马逊的弹性计算云EC2能够在同一时间内调用亚马逊全球的上千个服务器，并能够适配大部分的操作系统；亚马逊的简单存储服务S3提供了行业领先的可扩展性、数据可用性、安全性和性能。亚马逊的IT系统具有灵活性，大大提升了亚马逊在数字化时代的IT能力。

其次，企业要注重IT技术人才的培养。如今，企业打造IT系统的目的应从为企业提供技术支持转变为引领企业数字化发展。企业应精准引进新型IT技术人才，或对现有劳动力进行新型IT技能培训。在塑造IT人才的过程中，除了要注重提高IT人才的技术能力外，还要注重提高人才的领导力、创造力、沟通力和行业影响力等非技术能力，为企业数字化转型培养具有全方位能力的专业人才。

培养新一代IT能力，有助于保持企业在行业中的地位，增强企业的技术创新及产品研发能力，推动企业数字化转型。

4.4.2 保持前沿性：与初创企业合作

很多进行数字化转型的企业，都由于不能及时应对市场变化而失败。因此，企业应积极观察市场动向，主动拥抱变化，凭借较强的决策能力和业务创新能力走在数字化转型的前沿。

越来越多的大型企业选择与初创企业合作，以为自己的发展注入新鲜血液，弥补自己的技术短板。大型企业与初创企业存在着高度共生的关系，大型企业看中初创企业的创意和灵活性，初创企业看中大型企业的丰富资源和行业地位，双方合作往往能取得共赢。

在与初创企业合作时，大型企业需要搭建两种互动平台，分别是队列型平台和漏斗型平台。在队列型平台中，大型企业需要发布可供初创企业参与的项目，并约定好项目参与期限，初创企业只有在竞争中取胜，才能参与进来。在漏斗型平台中，大型企业为初创企业提供有限的合作机会。随着项目的开展，大型企业需要根据初创企业的价值，对其进行淘汰与筛选。

例如，全球顶尖的企业管理与协作软件供应商SAP推出“初创企业激励计划”，将其数据库平台SAP HANA分享给一些前景广阔的初创企业，为初创企业新应用程序的开发提供帮助。

初创企业需要通过竞争参与SAP的项目。其中，约15%的初创企业脱颖而出，获得SAP的技术支持。在这15%的企业中，只有一小部分企业经过SAP严格筛选，获得SAP的市场投放解决方案。在这样的过程中，初创企业能够赢得SAP提供的技术和资源支持，SAP能够获得初创企业新颖的想法和创意。

企业在数字化转型过程中面临着各种各样的挑战，这就需要企业用更宽广的视角去审视外部环境。加强与初创公司的合作，在一定程度上能够降低企业的转型成本，为企业带来更具前瞻性的战略思路，帮助企业更快实现数字化转型。

4.5 第五阶段：巩固转型成果

进入第五阶段意味着企业已经实现了数字化转型的基本目标，但这并不意味着企业的数字化转型已经彻底完成。企业应把握好这个重要节点，巩固数字化转型的成果，努力保持在行业内的领先地位，为实现可持续发展储备能量。

4.5.1 敏捷型文化如何赋能数字化转型

企业需要建立一种能够助力自身持续变革的文化，也就是敏捷型文化。综观众多企业的数字化转型之路，我们可以看出，敏捷型文化有助于推动企业持续进行数字化转型。敏捷型文化的表现形式主要有3种，分别是以用户为中心的创新、建立共同的目标和创建适应性环境。

以美国线上鞋店Zappos为例，Zappos的敏捷型文化主要是以用户为中心的创新。Zappos的创始人在24岁发现了鞋业市场的商机后，试图将鞋业与数字化相结合，但苦恼于不知如何使基于物理体验的鞋类产品在线上能够获得关注。最终，该创始人基于用户至上的企业文化建立了Zappos。该创始人打造了自有仓库的数字化运营模式，摒弃传统的制造商发货的模式，从Zappos仓库直接发货更快地响应用户的需求。

Zappos还打造了数字化送货、退换货的全流程，为用户提供更便捷的服务。在数字化退换货流程中，Zappos十分注重服务细节。例如，一个正处于情绪低落期的Zappos用户想退货，但因一些客观原因无法及时退货。Zappos的线上客服了解到用户所面临的情况后，为用户提供了上门取货服务。工作人员在上门取货时还赠予用户一束鲜花，以安慰用户。

Zappos在发展过程中逐渐获得了许多用户的关注，其在提升服务质量的同时，不断进行数字化转型。Zappos的数字化转型离不开以用户为中心的创新的企业文化的指引，是以敏捷型企业文化赋能数字化转型的成功案例。

4.5.2 警惕和应对颠覆性风险

识别和应对风险是企业进行数字化转型的关键能力之一。在数字化转型过程中，企业可以在数字化转型战略规划中设定一个数字化颠覆性指标，也被称为“数字颠覆指数”。这个指数一般有4个单项风险指标，包括行业风险、用户风险、企业数字绩效风险和商业模式风险。

企业可以采取评分制的形式为各个指标评分，所有指标分数的平均值就是“数字颠覆指数”。一般来说，指数越高，企业所面临的数字颠覆风险越大。“数字颠覆指数”能够更加直观地显示企业的风险级别。定期进行数字颠覆风险测试，能够帮助企业回顾数字化转型的过程，分析数字化转型过程中的问题，并做出及时的战略调整。数字化转型不可避免地给企业带来颠覆性的改变，企业在数字化转型的过程中应关注以下4个预警信号。

1. 行业趋势的预警信号

在行业中的某些环节或事项正在被颠覆或即将被颠覆时，企业可以从行业趋势中获得一些预警信号。企业一般可以从5个方面获得行业趋势的预警信号，分别是数字行业盈利趋势、原生数字化初创企业数量、成功的数字化初创企业数量、风险投资业务趋势、关联行业的颠覆。

2. 用户的预警信号

大部分的用户体验都能够通过数字化手段改善，因此，企业需要及时捕捉用户的预警信号，提升用户的满意度。企业一般可以从3个方面获得用户的预警信号，分别是用户潜力、用户痛点、用户参与度。

3. 企业数字化部门和业务的预警信号

企业需要关注产品、业务和人员的数字化投资成果，同时也要关注新兴技术的投资水平和主要技术投资的动向。企业可以从4个方面获得数字化部门和业务的预警信号，分别是新兴技术投资水平、数字化业务占比、数字化人力投资、数字化投资的可持续性。

4. 商业模式的预警信号

大多数企业能够清楚地认识到商业模式变革带来的威胁，但很多企业低估了这种威胁的紧迫性。企业可以从4个方面度量商业模式变革的紧迫性，分别是商业渠道的演化、商业模式价值主张的变化、合作伙伴关系的转变、业务关键资源的变化。

时刻关注数字颠覆风险有利于企业在数字化转型的过程中及时应对突发情况，从而更好地维护数字化转型的成果，推动企业数字化转型。

4.5.3 宝洁：做持续的数字化转型

宝洁在数字化转型的过程中不断进行颠覆性创新，将颠覆性创新作为品牌建设和业务发展的抓手，进行持续的数字化转型。宝洁是传统企业进行数字化转型的典范，其主要在以下3个方面进行持续的数字化转型。

1.业务流程转型

以宝洁的广告投放业务为例。宝洁在设计广告投放方案时，往往会进行多维度的考量，如品牌、地域、人群、广告形式和投放平台等。宝洁每个月度的投放计划有上千种投放组合，但宝洁最初只能靠人力来拟定具体的投放计划。进行数字化转型后，借助大数据和AI，宝洁能够实现广告投放计划的智能拟定。大数据和AI可以从众多投放计划中筛选出最优组合，这大大减少了宝洁在广告投放业务方案策划方面付出的时间，不仅提升了宝洁的策划能力，还进一步提升了广告的转化效果和触达率。

2. 商业模式转型

以电商业务的供应链为例。宝洁最初的物流链条是：工厂—分发中心—仓库—快递公司—消费者。这样的物流链条使宝洁的物流成本很高。进行数字化转型后，宝洁打造了自有数字化工厂，并通过电商平台直发快递给消费者，大大节省了物流成本，同时顺应了国家节能减排的号召。

3. 人才转型

人才是企业经营的核心要素之一。宝洁认为，只有拥有优秀的数字人才，才能真正把数字化转型方案落地，为企业创造价值。在招募人才的过程中，宝洁十分注重人才的可塑性。宝洁接受零经验的应届毕业生，希望应届毕业生能够为企业带来活力与创新灵感，使企业更好地与数字化时代接轨。宝洁不断对老员工进行数字技能培训，以推动企业的数字化技术持续优化和发展。在数字化转型的过程中，宝洁致力于让每一位员工拥抱数字化，为企业的数字化转型贡献力量。

宝洁的数字化转型之路可以为大部分传统企业进行数字化转型提供借鉴与参考。宝洁持续进行数字化转型，始终保持与时俱进的能力，不断超越自己、突破自己，走在行业前沿。

第5章

升级创新：产业互联网与中台建设

当数字化转型成为企业的核心战略后，“如何实现业务数据化”“如何使数据赋能业务转型”“如何提升数据资产价值”等问题成为企业要解决的重要难题。在此背景下，打造产业互联网、建设数据中台，成为企业数字化转型的必经之路。

5.1 数字化转型升级：产业互联网

在“互联网+”时代，以大数据、云计算、物联网和AI为主的新一代信息技术迅猛发展。互联网新技术的产生，推动了消费互联网和产业互联网的发展。如今，消费互联网市场已趋于饱和，因此，如何打造优质的产业互联网成为企业在数字化转型中需要重点思考的问题。

5.1.1 什么是产业互联网

如果说消费互联网是致力于消费者虚拟化的流量经济，那么产业互联网则是致力于企业虚拟化的价值经济。消费互联网服务于消费者，产业互联网服务于企业。

产业互联网的发展，意味着传统行业（如农业、制造业、交通行业、教育行业、医疗行业、房地产行业等）的互联网化。产业互联网往往被解读为一种为传统企业提供信息化服务的平台或工具，但这样的解读不够准确，为企业提供信息化服务只是产业互联网的基本功能之一。

真正的产业互联网，应是各产业基于互联网生态和技术对产业链和价值链进行重塑和改造后形成的互联网形态。这种形态能够充分发挥互联网在产业中的集成作用，实现传统产业与互联网的深度融合。此外，产业互联网还能够将创新成果深化于国家各项经济社会领域中，从而提升国家的综合生产力。

产业互联网成为我国传统企业数字化转型和支撑我国经济高质量发展的重要力量。随着产业互联网基础设施的建设和完善，我国产业互联网融合应用的范围也在不断扩展，产业互联网为越来越多的企业进行数字化转型注入新的动力。

5.1.2 产业互联网有何价值和使命

产业互联网能够将数字化贯穿于生产、流通和消费等各个环节，对构建我国经济发展新格局、推动我国经济高质量发展具有重要的战略价值。产业互联网的价值和使命主要体现在以下3个方面。

1.拓展生产、流通与消费的边界

生产、流通和消费等环节共同构建了国内经济大循环的完整链路。在生产方面，产业互联网不仅能够通过共享制造和智能制造等新型生产方式提高产量，还能够通过技术升级加强产品创新，提升产品质量，从而为产业链现代化、产业基础高级化和产业供给侧结构性改革提供助力。

在流通方面，产业互联网能够利用智慧技术充分为产品流通赋能。例如，智慧物流、社区电商、无接触配送等新型流通方式扩大了产品与服务的触达范围。在消费方面，产业互联网能够通过线上、线下融合创造出有形消费品的新型消费模式，还能够通过数字技术增加无形消费品的种类，从而推动消费边界的快速拓展。

2.提高供给侧与需求侧之间的适配性

产业互联网能够降低供需信息的不对称性，提升供需匹配的精

准性。产业互联网能够将分散的供给与需求信息进行整合，促进产业链、供应链的现代化发展，从而促进产业集群之间相互适配，提高供给侧与需求侧之间的适配性。

3. 增强城乡与区域之间的连通性

产业互联网的智慧零售、电商直播等新型销售模式，能够推动产品的循环流动，增强城乡和区域之间的有效贯通。智慧教育、远程医疗等服务模式能够推动公共服务从城市向乡村、从发达地区向欠发达地区流动，从而推动城乡经济一体化和区域协调可持续发展。

产业互联网反映了经济结构的新发展趋势，为企业数字化转型提供了新的机遇。同时，产业互联网也为社会经济的发展注入了新的动能。

5.1.3 打造产业互联网的六大步骤

面对产业互联网广泛的价值空间，越来越多的企业将打造产业互联网作为数字化转型的“助推器”。产业互联网的打造是一个循序渐进的过程，企业在打造产业互联网时可以遵循以下6个步骤。

1. 研究本产业及相关产业

首先，企业应找到产业边界，借助互联网技术打破地域、业务、技术、服务等产业边界。在打破产业边界后，企业应进一步扩大产业规模，并在此基础上，进一步提升企业分工效率。其次，企业应寻找本产业以及相关产业的痛点，利用互联网技术审视行业难题，针对行业痛点和难题发展新的业务。

2. 创造产业价值点

产业互联网中要有能够吸引用户的价值点。如果一个产业没有能够吸引用户消费的服务，那么这个产业不具备很高的价值。在产业互联网打造初期，企业可以按照不同的业务规划为用户提供针对性的服务，从而创造产业价值点。

3. 建设基础设施

建设基础设施是产业互联网建立核心竞争力最关键的步骤。产业互联网的基础设施包括物联网平台、工业互联网平台、SaaS软件等。企业为产业互联网建设完善的基础设施，有利于企业快速在行业中占据领先地位。企业建设产业互联网基础设施的过程，也是企业打造产业互联网价值链的过程。

4. 建立规模优势

首先，产业互联网的规模越大，创造的价值就越多。其次，产业互联网的规模越大，企业的用户量就越多，企业的服务成本会相对降低。企业在打造产业互联网的过程中，可以尝试拓展新的业务模式，比如将边缘计算、数字孪生等作为企业的新业态，塑造企业的数字化新动能，建立规模优势。

5. 基于平台搭建生态

企业在建立了产业互联网的规模优势后，可以在新的平台上建立商业模式，构建新的产业互联网生态。同时，企业应对平台用户进行分类，并吸引相关企业进入，从而形成更加丰富的角色互动和更加细致的社会分工。

6.利用数据迭代创造价值

企业在完善产业互联网的过程中，利用数据迭代能够创造更广泛的价值。首先，企业应挖掘产业互联网数据之间的关联性，并对所挖掘到的数据关联性进行一定的分析和总结；其次，企业要利用数据关联性，在产业互联网中建立数据模型，从而推动产业互联网的数据迭代，创造更大的价值。

企业掌握好打造产业互联网的6个步骤，有利于推动技术、业务和服务升级，从而加快企业数字化转型进程，实现高质量发展。

5.1.4 影子科技：打造产业互联网平台

2018年10月，影子科技发布智能引擎系列平台“FPF未来猪场”。“FPF未来猪场”能够提供智能环控、精准饲喂、兽医助手、基因选配等智能服务。此外，“FPF未来猪场”不仅能够实现猪场场景和智能管理的协同，还能够通过区域链、大数据分析等技术为养猪产业链打造更加透明、健康的生态。

2019年5月，影子科技发布“3D FPF未来猪场”，包含影子智能引擎、3D物联网可视化平台、3D任务导航等应用。影子科技利用GIS（地理信息系统）和BIM（建筑信息模型）等技术，将线下猪场在线上真实还原，实现猪场数字化在线管理。此外，影子科技还与扬翔股份、中国移动签署了“5G智能农牧战略”合作协议，在5G生态圈构建和5G智能农牧应用等领域展开重点合作，以扩大其数字化规模，提升数字化技术水平。

影子科技抓住了大数据、物联网、人工智能在农业领域的发展机遇，从产业需求出发，提升产业互联网数字化技术水平，致力于通过数字化技术解决养猪产业痛点，打造养猪产业可视化互联网平台，推动养猪产业的数字化发展。

5.2 中台是实现数字化转型的“利器”

对于很多企业来说，中台可以帮助企业实现产品、市场、营销、用户等角度的全域闭环分析，实现业务与经营的预测和把控，为企业带来持续增值的数据生产力。中台是企业数字化转型的重要引擎，是助力企业实现数字化转型的“利器”。

5.2.1 什么是中台

当前台与后台存在矛盾时，为了同时满足前台与后台的需求，中台应运而生。面对数字化时代的新挑战，很多企业都加速推进中台建设。我们可以从以下3个视角入手解读中台。

1. 中台是一种业务和组织形态

中台是企业针对商业模式和核心战略调整而设立的一种业务和组织形态。中台能够梳理前台业务、为前台业务赋能，其具备强大的支撑能力，能够避免前台各业务线重复建设。

2. 中台是一种技术和业务架构

中台是企业实现商业模式协同和共享发展的技术，是驱动数字经济从垂直分工模式转变为水平分工模式的业务架构。中台的核心目标是构建高价值的能力体系，提升前台的应变能力。中台化的架构不仅要运用云计算、容器化、分布式、微服务等高性能的云技术架构，还要运用服务架构或面向业务领域建模的业务架构，并通过采用插件化、事件驱动、领域驱动设计等模式和工具形成一种稳固的业务架构。

3. 中台是一种文化和理念

中台是一种以用户为中心的文化和理念。中台的作用之一是保证系统的实用性和流畅度，使用户获得更便捷、顺畅的使用体验。中台从用户的需求出发，加强内部协作和外部协作，重视产品成果和系统稳定性，旨在为用户创造价值。

中台作为企业数字化转型的有力武器，能够打破前台、后台的传统运营模式，重组企业业务架构，是企业加快实现数字化转型的关键动力。

5.2.2 以数据为核心的中台管控

以数据为核心的中台管控能够快速响应前台需求，为前台提供强有力的数据支持，不断将数据转化为企业资产，并提供源源不断的业务数据服务，以下是建设数据中台的4个步骤。

1. 数据资源的盘点与规划

对数据资源进行盘点与规划是建设中台的前提条件之一，完善、精准的数据资源是建设中台的有力保障。企业应对现有数据资源进行统计，并针对统计结果规划可以掌握或应该掌握的数据资源，构建资源盘点体系，保证盘点结果的准确性。

2. 数据应用的规划与设计

企业应基于自身的技术条件和战略方案，进行系统的数据应用规划。首先，企业应从业务线、业务层级、业务岗位等方面入手梳理数据需求；其次，企业应分析并总结企业需要构建的数据应用；最后，企业应建立数据应用评估模型，根据评估结果确定数据应用的落地路径。

3. 数据资产建设

数据资产建设是数据中台建设的关键环节，是数据中台建设前期庞大且复杂的基础层模块。数据资产建设主要包括技术建设、数据仓库模型建设、数据抽取和开发、任务监控与运维、数据质量校验、数据应用支撑等。

4. 数据化组织规划

数据中台的建设需要具备一定战略高度的数据化组织来推进。IT部门、战略部门等都可以被培养成优秀的数据化组织，企业需要将组织作为数据中台落地的关键，将组织作为推动企业数字化转型进程的关键抓手。

企业在建设数据中台的过程中应对各个环节逐一突破，从而形成稳定的数据中台结构，发挥中台的管控作用，推动企业数字化转型。

5.2.3 技术中台vs业务中台

技术中台和业务中台对于企业实现数字化转型具有不同的作用。如今，云技术正在迅速取代传统技术，以微服务、容器为核心的PaaS（平台即服务）平台为IT系统的构建、运营和维护提供了全新的效能。为了提高技术中台对于企业业务的响应效率，促进新业务的上线应用，IT部门需要通过敏捷迭代的方式不断完善系统建设，从而降低业务的试错成本。

企业在建设技术中台时，应充分整合技术内部、外部的各类数据、资产和IT能力，以技术推动业务模式的创新。企业应从业务运营的视角进行技术中台建设与IT方案设计，不断沉淀数字化技术，为企业前台和后台的发展提供技术支撑。

业务中台是企业实现各业务板块之间协同发展、建设稳定业务链路的重要工具。业务中台能够加强企业不同地域系统之间的联系和贯通，从而快速实现地域间的信息同步。此外，业务中台可以通过精准的协议接口集成企业的外部系统，实现企业上下游资源的一体化。业务中台将数字技术集成到企业的各个业务领域，能够进一步完善企业的运营模式，为企业和用户创造更多的价值。

技术中台能够推动企业业务的快速创新，支撑企业多样化的业务应用场景；业务中台能够实现企业业务之间更好的整合和连接，推动企业业务模式的不断完善。技术中台和业务中台都是推动企业快速实现数字化转型的“利器”。

5.2.4 中台建设的三大原则

中台建设是一个复杂且漫长的过程，企业应结合中台项目的实践，随着企业业务的需求变化而不断完善中台建设，提高企业的数字化能力。企业在进行中台建设时，应遵循以下3个原则。

1. 战略举措胜于战术举措

企业在建设中台时，应确定中台能否成为企业的战略举措且是否具有阶段性的战略意义。一旦企业明确了中台建设的战略方向，企业的技术创新和业务发展都要遵循这个方向。

例如，阿里巴巴的共享业务事业部就是阿里巴巴为了满足天猫和淘宝这两个平台发展的需要所采取的中台战略举措。起初，阿里巴巴的前台业务团队所提出的很多业务需求都需要中台来承载，但由于缺少战略的引领，阿里巴巴的中台建设没有达到理想效果。于是，阿里巴巴提出“大中台，小前台”的中台战略，建立共享业务事业部，通过各个业务领域支持性部门（如数据部门、技术部门等）的聚合，建设战略性中台。这些部门的聚合能够加快平台的服务迭代，为前台提供更稳固的支撑力。

2. 业务决策胜于技术决策

中台的建设以及基本交付形态应当是业务决策而非技术决策。业务团队需要围绕业务发展战略和目标定义自己的职责，并构建一个业务中台，形成中台业务和应用之间的协作关系，从而支撑前台业务的发展。在这个模式下，业务决策是中台发展的关键要素。

3. 赋能胜于治理

通过业务流程的中台化，前台的新业务能够很快被构建出来，新业务团队不再需要重新构建其他业务部门已经构建过的业务。企业在建设中台时，应坚持“淡化治理，强化赋能”的原则，除了要关注数字化转型的成本和中台的能力外，还要关注业务团队针对用户需求构建的新业务的特性和新业务产生的收益。

中台建设是企业数字化转型过程中的重要环节，在建设中台的过程中，企业应遵循以上3大原则。建设高效的中台能够使企业快速开展新业务，提升企业业务能力和数字化创新能力。

5.3 产业互联网与中台建设案例分析

打造产业互联网、建设中台，已成为企业实现数字化转型的重要途径，成为推动企业乃至社会步入数字经济发展新阶段的重要方法。本节将通过3个案例阐述企业打造产业互联网、建设中台的作用和意义。

5.3.1 爱驰汽车：依靠中台加速创新

对于新能源智能汽车企业爱驰来说，数字化扮演着3个重要角色：一是提升管理效能，加速业务管理体系的落地；二是支持产品创新，打造独特的用车场景和产品特色；三是支持业务模式创新，用新型数字化手段进行用户管理和市场运营。

爱驰的中台主要负责技术体系的集中支撑，爱驰建设中台的着眼点在于对现有业务线和未来新业务模式的支撑。爱驰按照中台建设规划同步建设各个层次的系统，各系统各司其职，整体发挥出数字化效能。

爱驰组建了专属的中台建设团队，该团队的首要任务是完善企业大数据平台，使中台不断满足持续迭代的业务需求，提供不同的数据服务能力。爱驰的中台是其信息化架构的枢纽，如果没有中台，爱驰很难及时交付部分系统，对部分关键业务的支持力度会有所减小，甚至延误投产时间。此外，爱驰的中台在架构上提升了爱驰的技术扩展能力，使爱驰具备应对未来多变的业务需求的能力。

中台建设是爱驰实现数字化转型的重要举措之一。爱驰通过中台不断提升业务效能，朝着数字化和智能化的方向持续发展。

5.3.2 恺士佳：开发数字化营销中台

在流量市场饱和、利润增长缓慢的现状下，越来越多的零售企业开始进行数字化转型。零售科技服务企业恺士佳以数据为驱动，开发了更便于企业服务消费者的数字化营销中台，为众多零售企业实现数字化转型提供工具。

准确地把握市场需求对于零售企业实行精准营销尤为重要，而需求预测对于企业营销成本和存货率有着至关重要的影响。数字化营销中台是恺士佳基于为零售企业提供需求预测而打造的大数据智能解决方案，致力于帮助企业实现从供应链到营销端的重构。

数字化营销中台能够通过数据处理工具（如自然语言处理、图像识别等）将数据融合，在打通内部数据的基础上，引入外部大数据（如人口、地理、消费情况等），从而连通全域数据，消除数据孤岛。此外，数字化营销中台还能够将复杂的机器学习结果可视化，洞察业务结果，并确认预测结果。

恺士佳所开发的数字化营销中台能够使零售企业与消费者之间进行多渠道、多场景的互动，提升企业营销效率，从而推动零售企业的数字化转型进程。

5.3.3 地产企业的双中台战略

自房地产行业进入“白银时代”以来，竞争日趋激烈。面对倍增的业绩压力，众多地产企业开始实施数字中台战略。以Y企业为例，Y企业是一家以房地产开发为主营业务的地产企业。为应对楼市面临的窘境，响应广大消费者需求，Y企业建立起智慧交易的强大支柱——双中台。

基于明确的营销目标，Y企业与中台服务商云徙合作，首先建立了业务中台的5大中心，分别是用户中心、产品中心、交易中心、营销中心和客户中心。用户中心的主要作用是用户管理、组织管理、权限管理和角色管理；产品中心主要通过对项目和房源的监控，为开盘期业务和常销期业务赋能；交易中心以项目交易为核心，为认筹、认购等交易环节赋能；营销中心主要负责营销活动策划、执行、推广；客户中心的主要作用是对客户资料的管理和客户关系的维护。

在业务中台的基础上，Y企业围绕数据服务（DS）与数据分析（DA）两大模块建立数据中台，主要有以下5个步骤。

1.打通内部数据，奠定数据分析基础

针对客户和项目在不同业态、不同系统中的数据存在歧义的情况，Y企业采用项目映射和OneID打通项目数据和客户数据，构建全面的数据服务体系。此外，Y企业采集企业内部各系统的数据，围绕业务构建项目、渠道、客户、营销、订单和工单6大主题域，为后续数据挖掘和分析奠定坚实的基础。

2.构建数据模型，分析风险指数和销售力

Y企业利用数据挖掘算法，构建风险指数和销售力两大模型，为企业营销、风险管控提供精准的数据服务。其中，风险指数模型基于订单风险、异常行为等维度来评估销售人员的风险情况，从而辅助风控、监察等相关人员进行科学的风险管控；销售力模型从储客、转化、跟客和合规情况4个维度出发，辅助企业进行销售策略优化。

3.输出数据专题分析报告，辅助业务人员进行分析和汇报

Y企业根据地产分析、营销月报等专题报告，挖掘成交用户的特征和潜在用户的购买意向，帮助业务人员进行业绩汇报和数据分析。

4.基于4类对象，构建统一视图

Y企业构建项目、客户、经纪人和置业顾问4类对象的统一视图，洞察各类对象的现状和问题，为各业务系统提供数据支撑。

5.满足数据全流程的工具需求

Y企业为项目开发人员和业务人员提供数据开发、网关、One

ID、埋点工具和标签平台等数据工具，满足从数据采集到应用的多种工具需求。

基于双中台的打造，Y企业的智慧交易取得了显著的成果，在逆境中实现了跨越式的自我突破。双中台是地产企业寻求新发展的重要手段。地产企业需要在保留核心业务的基础上，运用好智能化、数字化技术，灵活多变，顺应用户需求和市场环境的变化。

下篇　数字化为企业赋能

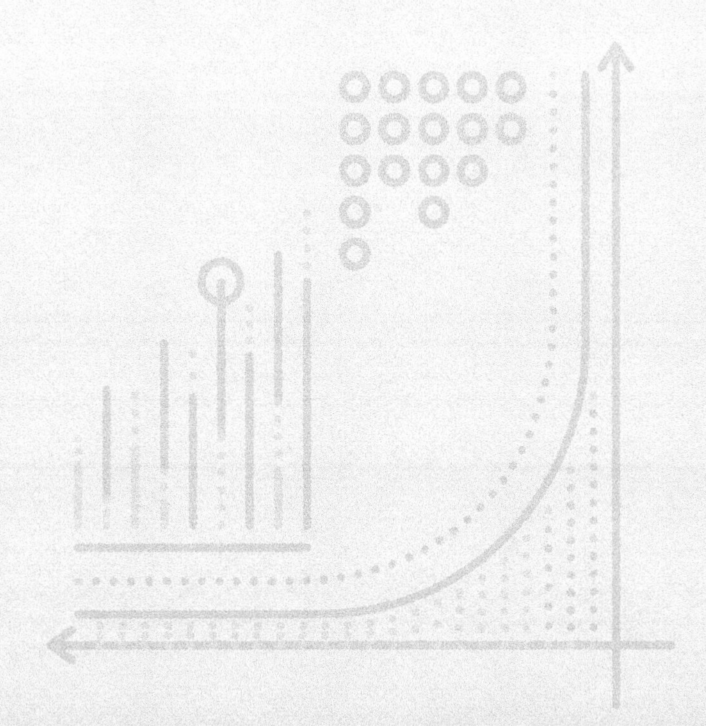

第6章

商业模式赋能：重塑商业价值

随着互联网的快速发展，越来越多的企业开始重视搭建自己的商业模式。管理学大师彼得·德鲁克曾经说过：“当今企业之间的竞争，不是产品和服务之间的竞争，而是商业模式之间的竞争。”商业模式可以为企业赋能，重塑企业的商业价值。

6.1 数字化时代，商业模式要简单

在数字化时代，企业越来越重视效率的提高。简单的商业模式更加便于企业操作，使企业更快获得盈利。商业模式简化包含4大要素：价值产品、目标用户、信息内容以及变现方式。企业直接将产品信息通过文案、视频的方式传递给用户，简化了产品出现在用户面前的流程，帮助企业更快获得利益。只有企业将商业模式简单化，企业与用户之间的交流才能更加直接、方便。这样的模式更容易提高企业运营效率，帮助企业抢占更多市场份额。

6.1.1 调整和优化商业模式的元素

动则生，不动则衰。企业应该如何实现商业模式的颠覆？企业只有不断对商业模式的元素进行组合创新，才能够适应不断变化的市场，进而实现盈利。组合创新常用的方法是“旧元素+新组合”，该方法通常需要以下4步完成。

1. 找到问题

企业想要进行商业模式的创新，必然是看到了问题或意识到潜在问题的存在。例如，某工厂原料成本高，经确认，原来是工厂原料供应商少导致的。

2. 确定目标

找到问题之后，企业就要明确组合创新的目标是什么。例如，原料供应商少，那么企业可以多寻找几家供应商，防止某一家独大，从而获得议价权，降低原料成本。

3. 选择拆解框架

选择拆解框架是组合创新的关键。组合创新有两种拆解方法：一种是目标导向型，即先确定目标，再拆解重组，主要解决富有挑战性的问题；另一种是新机会探索型，即先拆解要素，再进行组合，主要用于解决创新性问题。

使用新机会探索型拆解框架时，企业首先要确定行业边界，然后将商业模式拆解为供给端、连接端与需求端3个部分。供给端是生产端，是制造产品的一端，它以产品的价值链与特性为拆解依据。连接端涉及线上、线下、物流、资金流、信息流等方面，为需求端与供给端建立联系搭建了“桥梁”。需求端也是用户端，用户会在功能场景和情感方面对产品产生偏好。

4. 重新组合

重新组合是商业模式创新的破局之道，对内能够梳理企业业务的核心能力，对外能够避开对手锋芒错位竞争。企业通常会引入PEST分析模型和波特五力模型对十倍速变化要素加以识别，将拆解后的关键要素进行重新组合，形成新的商业模式。

PEST模型是指对宏观环境的分析，根据行业和企业自身情况的不同，PEST分析模型的因素也有所不同，但总体上都会对政治、经济、社会和技术因素进行分析。而波特五力模型是对行业内决定竞争规模和程度的因素进行分析。“五力”是指竞争者的竞争能力、潜在竞争者的进入能力、替代品的替代能力、供应商的讨价还价能力和购买者的议价能力。

6.1.2 轻资产模式受到企业追捧

数字技术与实体经济的深度融合催生了更多元化的商业模式，让传统行业的企业由重资产模式向轻资产模式过渡。使用重资产运营模式的企业通常需要投入较大数额的资金，利润率比较低。例如，大多数的传统机械制造企业在更新产品的时候，需要将生产线同步更新，资产的折旧率比较高。而使用轻资产运营模式的企业，大多会在自己所有的业务中挑选出最核心的一个，作为企业的重点业务，而将非核心业务外包给其他公司运营。

数据资产是大多数使用轻资产运营模式的企业的核心资产，驱动着企业的商业模式向智能化变革。生产经营活动中产生的各类数据成为价值非凡的新生产要素，具有利于共享、便于流转、智能化等特点。数据把企业运营的每一个环节连接起来，不仅加速了各生产要素的流通，降低了生产成本，还开创了新的价值创造模式。企业收集、处理和储存数据的能力得到了提升，生产和决策也向智能化发展。

数字化转型使企业的生产方式变成以消费者和服务为核心，实现规模化定制、服务化延伸。这样不仅能提高产品质量，还能灵活利用各生产要素创造价值，促使企业的生产方式由大规模生产向大规模定制转变，最终促进整个产业结构的升级。在生产方式转变的基础上，企业以用户需求为导向，构建以服务为核心的轻资产运营模式。

例如，某商业地产公司在之前的发展中使用重资产运营模式，商业地产的投资、建设和管理均由自己完成，通过房地产销售的收入进行商业投资。这种“以售养租”的模式在宏观政策的影响下已难以继续扩张，商业模式的重塑成为该公司日后发展的必由之路。

之后，该公司主推轻资产运营模式，也就是商业地产的设计、招商、管理和运营都由该公司负责，但是拿地、施工建造等环节外包给其他公司。在这种模式下，该公司不再需要独自承担风险，遭受损失的概率降低了。而且该公司获得收益的渠道变多，不再只依靠市场销售额获得收益，收入日趋平稳。

6.2 打造数字化商业模式

数字化商业模式指的是企业将自己的产品或服务转化成一个数字形态，直接通过互联网为用户提供产品或服务。企业打造数字化商业模式主要是为了通过数字化变革增加企业在市场中的竞争优势，扩大企业的知名度。

6.2.1 抓住蓝海市场，提升竞争力

蓝海市场指的是未知的还未被开发的市场，与蓝海市场概念相对的是红海市场，它指的是已知的竞争激烈的市场。对于大多数行

业来说，如今的主流市场已经渐趋饱和。如果企业无法挤入现有的红海市场，那么不妨转换思路，在小众蓝海市场快速成长。不少创业公司的成长史都是这样的：开拓新兴产品，形成自己独特的产业价值链，由小众市场发迹，破圈于主流之外。这种创新模式被称为边缘创新。

边缘创新是由边缘价值点切入的策略，创新源于边缘，边界模糊的市场在快速变化，变化则意味着机遇。

以知名咖啡连锁品牌星巴克为例。1984年，星巴克首次将新品拿铁咖啡引入美国，在今天最普通不过的拿铁咖啡在当时的美国却是一个边缘市场的创新产品。在此之前，美国从未有人想过浓缩咖啡中可以加入牛奶。这次的边缘创新大获成功之后，星巴克在1994年推出了传统咖啡与饮料的结合——星冰乐，这款非主流产品广受好评。1996年，星冰乐的销售额已经占到了整体的10%。

星巴克之所以能够获得成功，是因为采取了边缘创新策略，并且在创新的同时严格把控产品质量，迅速占领了咖啡的蓝海市场，从边缘市场逐步走入大众视野。星巴克的边缘创新产品拿铁咖啡和星冰乐并不能简单地归于咖啡市场，以动态发展的眼光来看，星巴克的拿铁咖啡既属于咖啡市场又属于牛奶饮品市场，而星冰乐则可以归入咖啡市场、果汁市场、茶饮市场等多个市场。这种边界模糊的市场定位利于产品的创新发展。

时至今日，占据了咖啡主流市场的星巴克依然坚持在咖啡行业的边缘市场进行产品创新，咖啡奶茶、无咖啡因咖啡等新品受到了用户的赞誉。

像星巴克这样的企业还有很多。例如，以弹幕网站起家的二次元巨头B站（哔哩哔哩弹幕网）在建立初期就坚持以二次元爱好者为核心用户群体。这样既避免了与背景深厚、资源充足的竞争对手直接正面竞争，又能够将自身在二次元市场的影响力进一步扩大。B站通过成功抓住蓝海市场，将自身与其他企业区分开，被更多用户看到，在市场竞争中占据优势地位。

而同样在咖啡市场进行边缘创新的品牌三顿半，选择了与星巴克不同的创新方向。它主推速溶咖啡，用户将冻干咖啡粉倒入牛奶或常温水中就可以直接饮用，无须热水冲泡。三顿半的产品既有速溶咖啡的方便性，又有星巴克一样的萃取口感，因此它占据了未曾被人涉足的市场，并以此打响了品牌知名度。

所以，在市场竞争中，企业不一定要随着主流市场生产产品，而是要学会发现当前市场中缺少的产品，从蓝海市场寻找突破口，提升企业在市场中的竞争力。

6.2.2 如何实现收入多元化

企业要设计一个商业模式让收入趋于多元化。实现收入多元化的方法主要有3个：“混搭”模式、引入第三方以及双层架构。

1.“混搭”模式

“混搭”是指将不同行业的产品根据消费者的使用场景融合在一起，从而提升销量。这种模式的关键在于跳出固有的行业观念和惯性思维，真正以用户为中心思考问题，只有这样，才能解锁“混搭”的各种可能性。

2.引入第三方

对于企业而言，客户流量是有价值的。如果企业想要增加收入，就需要引入愿意为企业的客户流量付费的第三方。第三方的引入会改变企业的盈利结构，企业的收入不再只来源于客户，成本也不再只由自己负担，而是既有来自客户的订单，也有来自第三方的订单，还分摊了一部分成本给第三方。

3. 双层架构

双层架构与“产品+配件”“产品+服务”的模式相似，但双层架构加入了平台的概念。简单来说，就是建立基础平台和上层平台，通过精准的商品定位吸引客户从基础平台进入上层平台。

在市场环境变幻莫测的当下，企业采取多元化经营战略可以有效分散经营风险。企业可以通过进入其他行业、生产多种类型产品及提供多样化服务优化经营模式，多元化的收入结构能够让企业获得管理、广告和销售等方面的协同效应，使企业员工、设备的生产效率得到有效提高。

6.2.3 携程：以创新之道谋求发展

携程是我国旅游业的知名企业，它之所以能够实现持续发展，主要原因就是采取了组合创新的策略，不断为自己注入新的活力，在市场竞争中始终保持领先地位。

1. 携程的第一次组合创新

旅游业是一个综合性服务行业，在成立初期，携程细化切入角度，拆解其中的关键要素。国际公认的旅游要素有吃、住、行、游、购、娱，但是单从这些要素切入依旧不够。依据线上旅游业交易和支付错位发生的特点，携程找到了关键要素。

携程将要素拆解并重组。它重组的逻辑非常清晰：面向用户，为用户提供高频、刚需的服务。而在旅游6要素中，住和行是刚需服务。因为用户可以自带方便食品、自由选择是否额外消费去景点游玩、是否购买商品和是否观看娱乐节目等，但在外旅游，就会不可避免地住酒店和乘坐交通工具。而作为平台型企业，携程自然希望自己连接的两端越分散越好，因为这样有利于制定交易规则。因此携程选择了“住”作为自己的关键市场。

当时的酒店大多是单体而非连锁形式，因此携程致力于为住宿场所和用户建立有效连接。携程颠覆了当时被动的连接模式，主动地为用户提供酒店选择，为酒店带来稳定的客源。为了能够更好地切入破局点，携程选择了最朴实也最有效的一种宣传方法——发小卡片。在当时互联网没有普及的情况下，这种方式非常奏效。

当携程通过这种方式实现了商业模式的第一次组合创新之后，第一个效益增长飞轮随之出现，如下页图所示。宣传越多，酒店的潜在用户就越多，酒店的生意也就越好，而其他没有与携程建立连接的酒店也会慕名与携程签约。与携程签约的酒店越多，用户的选择越多，满意度就越高，选择携程签约酒店的人也会越多。这实际上就形成了一个效益的正向循环。

2.携程的第二次组合创新

1999—2003年，携程通过这种典型的组合创新模式，拆解基本要素并将其重新组合，创造了我国互联网行业特别是旅游行业的奇迹。2005年，我国首家旅游搜索引擎公司“去哪儿”成立，由于百

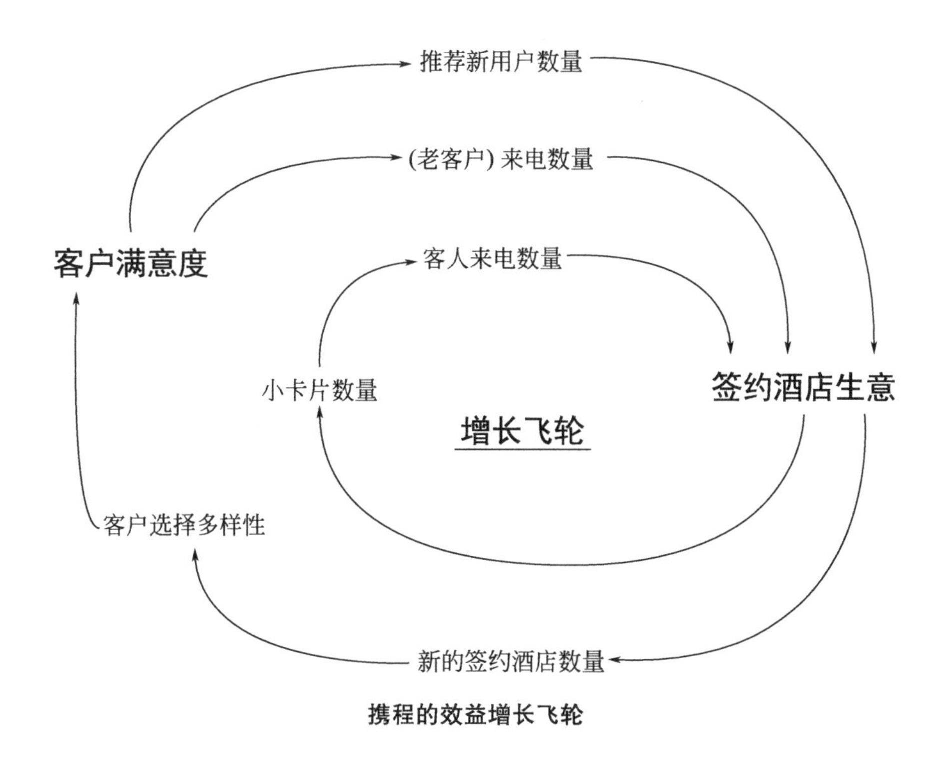

携程的效益增长飞轮

度是其第一大股东，“去哪儿”的资源更丰富，享受到了互联网的流量红利，业绩斐然，并于2013年在纳斯达克上市。

相较于携程坚持组合创新，拆解供给端、需求端和连接端的关键要素并重组，“去哪儿”选择了顺应互联网时代发展的商业模式，将需求端市场定位于被携程所忽略的年轻人群体。年轻人更热衷于使用互联网搜索引擎寻找价格低廉的宾馆，并不喜欢携程所采用的发放小卡片的方式。同时携程专注于中高端酒店市场，“去哪儿”则深耕中低端宾馆市场。“去哪儿”供需端连接的效率远高于携程，因此迅速打开了市场。

为了应对“去哪儿”带来的挑战，携程迅速将旗下所有业务迁移到移动端，而“去哪儿”还处于PC端时期。携程倚仗自身的雄厚实力给予用户大量补贴，从旅游行业代理商向平台彻底转化。在这次组合创新中，携程出现了第二个增长飞轮。移动端的补贴越多，携程移动端下载量越多，抢夺“去哪儿”的市场份额就越多。获得补贴的价格敏感人群更加青睐于携程上的中高端酒店，而签约酒店收入也会随着消费者交叉购买各档次产品和服务而增多，由此又会出现新的效益增长飞轮。

3.携程的第三次组合创新

2018年，美团横空出世，连续两个季度的签约酒店业绩超过了携程。美团的供需链与“去哪儿”一致，但是美团是以吃作为切入元素破局的。面对体量庞大的美团，携程无法再次进行补贴战。于是携程再次拆解要素，以海外市场和下沉市场为发力点，加大产品聚合性，最终拉平与美团之间的差距。在需求端，携程进行了大量广告宣传；在供给端，携程收购多家细分企业，再次打造效益增长飞轮。

通过利用组合创新的商业模式，携程不仅成功拆解了市场要素，还重新做了组合，并且让组合后的要素以尽可能低的成本发力。而这也是携程持续发展的秘诀。

6.3 改造商业模式的三种方案

很多企业正处于商业模式变革的浪潮中，这是企业数字化转型不可错失的机会。企业应该根据自身特点，采取不同的方案对自身的商业模式进行改造。在改造商业模式时，企业可以从内部、外部入手或内外部结合，促进企业发展。

6.3.1 善借外力：充分利用平台基础设施

“君子生非异也，善假于物也。”企业在面临资源不足的问题时，可以向其他企业寻求帮助。尤其是资源不足的中小型企业，可以借助其他互联网平台的流量，快速扩大规模，加快企业数字化转型进程。

例如，家居企业居然之家借助互联网平台提升产品销量。居然之家与阿里巴巴合作，共同推出了一个全新的平台——“躺平设计家”平台。居然之家利用线上平台的大数据算法向用户精准推荐，让用户可以在线上挑选家居产品，为线下店铺引流。居然之家还聚焦自身服务与质量，做到线上线下共同发展，通过改造商业模式促进企业发展，提升产品销量。

使用这种方案改造商业模式的企业，应该将注意力放在自身价值链最核心的环节，通过互联网平台实现商业模式变革，推动数字化转型步伐加快。

6.3.2 自建平台：挖掘资源和能力，打造“护城河”

实力雄厚、资源丰富的企业可以挖掘自身的资源和能力并对其进行整合，从而自建平台，打造“护城河”。这个平台可以是企业利用信息技术在互联网上搭建的平台，也可以是企业整合上下游时帮助自己获取更多资源的虚拟平台。

例如，平安集团依托专业、自主、稳定、安全的优势建设了一个金融云平台——平安云。平安集团是一家综合性金融服务集团，它一直将“建成国际领先的个人金融生活服务提供商”作为发展方向，坚持开源和自研相结合的发展路线。所以平安集团在改造商业模式时选择了自建平台这一方案。

“平安云”这一“护城河”主要是通过海量数据与新型基础架构模型相结合的方式被创造出来的。它是平安集团技术领域的创新，提高了平安集团的业务效率，为平安集团数据的安全提供了保证，加快了平安集团数字化转型的速度。

小米也一直致力于建立平台“护城河”。小米的平台“护城河”与平安集团的不同，它是一个虚拟的平台。小米一直将注意力放在供应商资源方面，不再让提供产品各类零部件的上游厂家决定零部件的生产周期，而是通过投资的方式持有厂家的股份，牢牢把握关键资源，为自己建立了一个广阔的供应链平台，助力企业发展，实现双方共赢。

所以，企业在自建平台时，最重要的就是了解自己的核心能力并整合上下游资源，打造企业专属平台。

6.3.3 双管齐下：激发两种方案的最大价值

规模较大、在行业内较为成熟、不同价值链之间分工明确的企业可以将上述两种方案结合起来同步施行，也就是企业既需要借助外力，又需要自建平台，实现两者相互赋能，激发两种方案的最大价值。

例如，联合利华就充分结合了这两种方案，做到双管齐下。在善借外力方面，联合利华与阿里巴巴旗下的天猫平台达成合作关系，推动数字化能力共建。联合利华通过天猫平台及时获取用户需求，并加快研发符合用户需求的产品，提升产品销量。联合利华还能通过购买过产品的用户给予的反馈信息对产品进一步优化，真正通过借助外力实现加速成长。

联合利华北亚区总裁龙嘉华对数字化能力共建赋能联合利华数字化转型是这样说的:“当前，中国的数字化水平处在全球领先位置。我们必将抓住这一机遇，加快、加强建设企业的数字化能力、培养数字化人才，与外部协同发力，共同推动建设数字中国。”

2021年3月，联合利华在“数字化人才和能力建设发布会”上发布了“联合利华+985高校数字化人才共建”计划。这个计划主要是将联合利华作为优秀高校人才的实习基地，目的是培养数字化人才并对其赋能，促进整个行业数字化转型的进程。

在自建平台方面，联合利华创建了“U创孵化器”平台，为新锐品牌提供一个发展的平台。联合利华专门负责数据和数字化发展的副总裁方军是这样评价联合利华的自建平台的:“无论你带着一项技术、一个商业想法，还是一个成熟渠道而来，走入这个孵化器，我们都能为你进阶出一套品牌核心竞争力。”

这个平台将联合利华和多种多样的新锐品牌连接，建设了透明、公平的市场环境，满足双方的需求。“U创孵化器”平台还与其他企业合作，为新锐品牌提供资源，促进新锐品牌的进一步发展，也带动了联合利华一起发展。

大型企业进行数字化转型应该“两条腿走路”，既善借外力，又能自建平台，实现内外双循环，沉淀用户资源，促进销售量增长。

第7章

组织管理赋能：变革响应能力

如今，人们正处于一个大变革的时代，正如同《赋能》这本书中说的："世界已经改变。在今天的世界，获取成功的办法更多的是应对持续变化的环境，而不是根据一堆已知的或者相对稳定的变量进行选择。"所以企业应该学会赋能，提高面对变革时的响应能力。

7.1 数字化时代的组织变革

随着数字化时代的到来，企业面临的市场环境发生变化，用户的需求也发生了变化。而企业要想适应数字化时代，就要先进行组织变革，用数字技术提升组织灵活性，加快企业数字化转型进程。

7.1.1 数字化转型推动组织变革

最开始，企业大多使用科层制。传统的科层制是一种依照员工能力和职位划分权力的制度，组织决策权掌握在高层管理者的手中，最了解用户诉求的人拥有的权力反而最小。这样的企业根本无法做到以用户为中心，其本质还是以权力为中心。

在科层制组织中，一线业务人员没有决策权，任何方案都要经过层层审批，而每一次信息传递都会导致数据丢失，最上层的决策者只能掌握最少的数据，却需要做最重要的决策，因此企业的决策风险非常高。

为了让产品快速响应市场，以产品为中心的平台型组织得到了发展。每个产品都有各自独立的开发、运维、人力、培训等团队，通过建立服务平台，提供基于产品的共性需求。

为了提高产品对市场的响应速度，A企业对组织架构进行了调整。之前，A企业的组织架构以区域市场为维度，按照国家、地区、城市划分，每个区域都有各自的业绩目标。这些目标是由上百种产品共同实现的，各个区域的策略不同，资源配置方式也不同，一些有发展潜力的产品可能被忽略。

所以，A企业以品牌和品类为中心，制定了与品牌和品类相关的策略和目标，寻求在全球市场上的成功，而不是在某个区域市场上获得成功。

平台型组织还需要更敏捷地响应前端的用户需求。例如，为了参加“双11”促销活动，组织集中力量满足一时的需求，但是活动过后，整个供应链出现闲置，这种闲置会产生巨大的成本。但如果是开放型组织，就可以通过整合社会资源来满足临时的高需求，等活动结束后，再让资源回归社会，从而节约成本。

为了适应组织的开放性需求，生态型组织正在兴起。生态型组织是一种开放式的组织架构，每个人都是企业生态体系中的一员，都在为生态的发展贡献自己的力量。

从科层制组织到平台型组织再到生态型组织，企业的组织架构越来越轻巧、敏捷，权力的作用被逐渐弱化，产品、用户、需求成为中心。

7.1.2　培养高价值的敏捷组织

三角形是最稳定的结构。从架构角度来看，一个高价值的敏捷组织同样拥有3个核心要素：业务、技术和团队。三者构成了敏捷组织三角模型，如下页图所示。三者能够保持相对平衡并互相促进，形成一个完整的组织闭环，是敏捷组织持续、健康发展的关键。

敏捷组织在成长过程中会不可避免地遇到很多阻碍，有些来自业务上的痛点，有些来自环境中的问题。当这些痛点和问题映射在

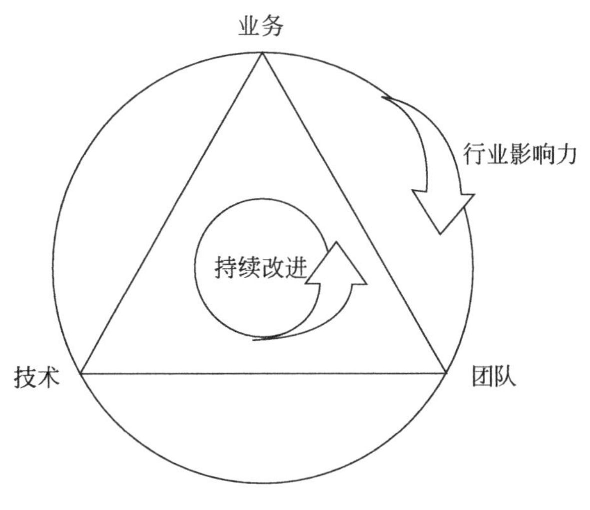

敏捷组织三角模型

敏捷组织三角模型中时，敏捷组织就会失去支撑的核心。例如，组织内部缺乏生机型的组织文化，缺乏合理的柔性管理措施，导致组织风气不正、效率低下；业务与团队之间缺乏分层的项目管理机制，项目人员构成混乱，难以推进项目进度。这些都会影响组织的成长，影响组织的正常运转。

而团队拓扑可以有效解决以上阻碍，业务与技术的融合、技术对团队的赋能、团队对业务的管理，这些都是敏捷组织形成稳固三角架构的重点。企业必须意识到团队是组织最小的作战单元，这是为了保障组织具有灵活性和敏捷性。

组织要构建跨职能的团队，而非功能单一的职能部门。跨职能团队能够有效缩短产品交付周期，提高业务流程的透明度。同时，敏捷组织的团队是面向数字化产品与业务价值的团队，是稳定的团队。如果为每一个项目都组建团队，那么成本势必大幅增加。因此，组织只需要面向特定的领域组建长期稳定的团队即可。而其他领域的项目，可以从人员充裕的团队中临时抽调人手组建团队，由于有着前期的磨合，组建的跨职能团队效率也会大幅提高。

7.1.3 跟着海尔学习组织转型技巧

在互联网高速发展的背景下，海尔也开始从生产型企业向服务型企业过渡，实现组织转型。海尔转型成功的原因有3点，分别是以用户为中心、企业平台化以及生产智能化。

1.以用户为中心

海尔自创办以来，就一直坚持“以用户为中心”的发展理念。在海尔成立初期，创始人张瑞敏在得知有用户反映海尔生产的冰箱出现质量问题时，紧急查看仓库中是否还有不合格的冰箱。在盘点后，他发现不合格的冰箱还有76台。对此，张瑞敏当即决定将不合格的冰箱砸掉，表示不能让用户使用不合格的产品，充分贯彻了海尔“以用户为中心”的发展理念。

海尔的“顺逛”社群交互平台也秉持“以用户为中心”的理念，该平台的宗旨是“建设一个家，服务一个家”。在顺逛平台，用户可以根据自身的需要向平台提要求，平台根据用户意见更新相应的功能。

2.企业平台化

海尔前董事长张瑞敏提出海尔企业中不再有上下级关系，他打破传统格局，裁撤了中间管理层，打造了一个平台型组织。他将企业中的人员分为3类：第一类是平台主，指的是为自己平台上的创业团队提供助力的人；第二类是小微主，指的是不超过8个人的创业团队里的负责人；第三类是小微，指的是创业团队中的普通组员。海尔使用这种方法为创业人员提供了良好的平台，实现了企业平台化。

3. 生产智能化

海尔的生产智能化主要体现在海尔使用互联网打通与用户交互的节点。这让用户可以直接在平台上下单，平台将订单信息实时传递给工厂，用户能通过平台查看产品在工厂的生产情况。企业与用户之间没有阻碍，实现直接交互。

其他企业可以通过学习海尔转型成功的3点经验，结合自己的实际情况，实现数字化转型。

7.2 从控制型文化到赋能型文化

信息化时代的发展，使企业对知识型员工的需求越来越大。而知识型员工的主要价值就是他们所拥有的创造力。如果企业还像从前一样实行控制型文化，那么知识型员工的创造力会被扼杀，价值会降低。所以企业要为知识型员工赋能，充分开发员工潜能，发挥员工最大价值。

7.2.1 在内部建立清晰、科学的愿景

企业若想顺利推进数字化转型，必须建立愿景。愿景既是大数

据时代组织业务战略的基础，也是组织商业战略的重要组成部分。

近年来，越来越多的学者认为企业陷入组织危机的主要原因是缺乏愿景，因为科学、清晰的愿景是组织成长和自我管理的基础。

企业应当分阶段建立愿景，具体可以分为告知、宣传、测试、咨询商议和共同创造5个阶段。

1.告知阶段

组织的愿景应当由领导者根据组织的实际情况考虑决定，从大方向逐渐细化直至确定最终的愿景，并且以简洁、清晰的语言或图表告知组织成员。合理的愿景易于让员工理解，并能使员工根据愿景及时调整自己的工作状态。

2.宣传阶段

组织要对愿景进行全方位、多渠道的宣传。例如，可以将愿景制成小册子或者宣传录像反复宣传，使之深入人心。在这个过程中，宣传者要身体力行，在实际情境中以身作则。领导者要用实际行动鼓舞组织成员接受愿景，上下一心，一起为实现愿景努力。同时，领导者应随时与组织成员保持沟通，鼓励他们自发对愿景进行宣传与践行。领导者不仅要勾画出愿景的具体内容，还要将宣传重心放在愿景能够带来的好处上。

3.测试阶段

领导者必须深入了解组织成员对愿景的真实想法。因此，领导者要为组织成员提供多种信息反馈渠道。例如，在进行问卷调查时，可采用匿名的形式，打消组织成员顾虑。同时，领导者还要注意避免抽样调查，即使需要花费大量时间，也应当收集全部组织成员对愿景的意见或看法。否则如果出现组织成员拒绝认同愿景的情况，领导者也无法及时做出反应。这样愿景的作用会大打折扣，无法获得全体组织成员的大力支持。

4.咨询商议阶段

在收集了成员的意见后，领导者要综合各方反馈，对愿景进行修改，使愿景更具可行性。

5.共同创造阶段

该阶段为愿景落地阶段。领导者要践行愿景，用榜样的力量带动组织整体向着既定目标前进。

7.2.2 赋能化管理：管理者身份变革

敏捷组织和传统组织最大的不同就是赋能，这导致管理者的职能发生转变，即从领导者转变为赋能者。大多数员工关心自己的能力能带来哪些改变，也关心企业的平台能否帮助自己最大化实现自身价值。这意味着管理者需要激发员工的自我效能和成就动机，也就是赋能员工。那么，管理者应该如何赋能员工？

1.建立向上反馈机制，从细微之处开始变革

向上反馈机制在于培养员工的合伙人意识，激活员工的自主意

识。充分听取反馈是变革的开始，它能帮助管理者看到企业的细微之处，从而保障后续的变革顺利进行。因此，管理者一定要重视员工的反馈，而不要蔑视和批评员工的想法，避免让员工不敢想、不敢说。

2.建立实验组，充分放权

管理者可以在一线团队中建立实验组，将决策权下放给员工。决策权是激发员工自我效能的有力武器。一旦员工可以更加独立地工作，不需要事事请示上级，就会逐渐形成独立思考、承担责任的能力，从而更好地应对突发状况，这样整个团队的反应也会更迅速、及时。

3.为下属护航，授人以鱼不如授人以渔

实验组在实验的初期必定会遇到各种各样的问题，管理者应该与员工一起解决问题，并总结出一般性方法论。对此，管理者需要应用“拉模式”，即管理者拉着员工走，给员工充分授权，引导他们对客户负责，而非对领导负责。

管理者要对员工负责，帮助他们提升效能感，指导他们掌握做事的方法。另外，在必要时，管理者还需要充当“救火员”的角色，帮助员工弥补工作漏洞。

4.有想法马上执行，错了立刻迭代

“纸上得来终觉浅，绝知此事要躬行。”想百遍，不如做一遍。不管是建立向上反馈机制、建立实验组，还是教授员工工作方法，都是为了让实验组运转起来。如果员工有想法，管理者需要鼓励他

们去做，即使出现错误也不需要过分纠结，马上迭代就好了。互联网带给我们的最大的便利就是可以及时纠正错误，而新事物往往需要反复试错才能找到最佳发展路径。

7.2.3　奈飞的新型文化是如何形成的

奈飞（Netflix）是一个实行会员订阅制的流媒体播放平台，它成功的原因就是它独树一帜的文化。奈飞十分重视企业向用户输出的内容，一直坚持“为用户提供更棒的内容、更棒的产品体验”的理念。对内容的重视使奈飞在激烈的市场竞争中仍然保持着较高的知名度，它与其他3个公司（亚马逊、谷歌、Meta）一起被称为“美股四剑客”。

奈飞的新型文化主要是由“自由”“责任”两个词构成的。这两个词的核心是将权力交还给员工，让员工能在奈飞自由展示自己的能力，不需要受上级领导的限制。但同时，员工需要承担自己的工作责任，认真完成企业交给自己的任务。

奈飞的前任首席人才官麦考德曾经出版过一本有关奈飞文化的书，名字十分容易理解，叫作《奈飞文化手册》。奈飞洞悉市场动向，追求企业文化与时代发展趋势的协调性，不断颠覆和创新。可以说，奈飞新型文化是顺应互联网时代潮流的一种文化。

其他企业应该从奈飞的新型文化中认识到文化对企业发展的重要性，用文化赋能员工。企业可以通过为员工营造良好的文化氛围增加员工对企业的认同感，从而让员工对工作抱以更高的热情，提高员工的工作效率。

7.3 大变样的数字化办公空间

数字化转型浪潮来袭，员工的办公空间也发生了改变。在数字化浪潮来临之前，员工主要是在特定的地点、特定的房间里工作，每个人面前都是一张固定款式的桌子，办公空间里的氛围很压抑。但在数字化时代，办公空间不再有固定的边界，企业员工的办公地点不再受限制，员工工作时的心情更加愉悦，工作效率得到提升。

7.3.1 开放式办公空间有何魅力

人类文明的每一次进步都是一次对固有边界的跨越，数字化时代也不例外。企业的数字化转型能消除办公室的物理边界，无边界的开放式办公空间能在服务、资源、企业发展等多维度上满足办公需求，加强团队的交流互动。

美国一家医学类杂志社曾对500多名企业员工进行了研究，研究结果表明，在开放式办公室工作的员工压力值更低，活跃度更高。这引发了美国企业将办公室改造为开放式空间的风潮。

以谷歌为例，其在世界各地的开放式办公空间设计，一直是科技行业的标杆。谷歌致力于让员工在非常独特的工作环境中拥有更愉快的工作体验，其办公室的配套设施包括滑梯、自行车、篮球场、乒乓球桌以及游戏设备，而且每间办公室都有独特的感性设计，让员工绝对不会感到无聊。

此外，谷歌新应用的会议室“篝火”也十分特别，参加会议的人仿佛置身于篝火晚会中。他们围坐在带有背板的圆形空间内，背板的显示屏上还可以显示远程参会者。

对于未来办公形态的探索，谷歌给出的答案未必是最好的。但不可否认的是，开放式的办公空间更受员工欢迎，它能让团队更好地沟通，从而提高协作的效率。

7.3.2 沟通与协作工具必不可少

在数字化时代，自上而下的沟通方式已经不利于构建企业生态。这种沟通方式的效率很低，会对企业的盈利能力产生影响。为了保持组织活力，提升管理效率，许多企业都加强了数字化的线上协同。

下面以支持团队线上协同办公的软件——飞书为例进行详述。多数大中型企业会在至少两个地区设立办公室，甚至在海外设立分部，跨地区的员工之间的沟通和协同需要通过协同办公软件完成，因此协同办公软件市场发展火热。根据相关机构提供的数据，2022年上半年我国企业团队协同办公软件市场规模为2亿美元，同比增长27.1%。

飞书作为协同办公市场中的后起之秀，一直在持续不断地整合资源，完善自己的服务生态。如今，飞书已经成为广受好评的面向企业端的协同办公平台，为企业的信息沟通交流带来了极大便利。

首先，飞书很早就深入布局云服务。在数字化时代，各行各业都注重构建自己的云服务生态，特别是互联网行业。而飞书作为面向企业端的协同办公平台，经过多次技术与功能升级，能够同时处理多人上传的海量数据，实现多人同步交流。

其次，与企业微信、钉钉等同类型办公平台不同，飞书更多地聚焦于企业内部成员的信息沟通与交流，提升协同办公效率，进而提高团队的创造力。飞书一直致力于提高与各类工作平台的耦合度，故而采用轻量级运行方式，试图还原线下团队之间的实时沟通。

对于处于数字化时代的企业来说，人才与信息是企业发展的基石。如今的企业规模庞大，人员众多，生产要素信息化。而飞书让企业内部的信息交流脱离单线流程，实现多人实时沟通，真正做到了线上协同办公。

7.3.3 联想thinkplus：会议智慧屏的魅力

联想thinkplus是联想Think旗下的品牌之一，主要目的是帮助企业员工实现随时随地办公，提高员工办公效率，促进企业发展。

2022年10月，联想thinkplus宣布将与腾讯会议合作，联合发布“万室如意”计划——利用3年的时间和不同企业一起改造1万间会议室。该计划会随机选取100个有典型问题的会议室进行改造，改造方案主要是由腾讯会议和联想thinkplus共同商讨得出。该计划的目的是赋能混合办公新业态，让更多企业体会到智慧屏的魅力。

混合办公指的是工作人员一段时间在办公室工作，一段时间远程办公的办公模式。在市场环境变化的影响下，很多企业都开始使用这种办公模式。混合办公具备灵活性、空间延伸性等特点，让企业员工能不受工作地点的束缚，减少员工通勤时间，帮助员工更好地平衡生活与工作，提升员工幸福感和工作效率。

联想thinkplus正好满足企业混合办公的需求。在会议准备阶段，员工可以通过联想thinkplus的内置功能迅速进入腾讯会议，缩短了会议准备的时间，提高了会议效率；在会议进行阶段，员工可以使用联想thinkplus流畅地参加会议，避免卡顿问题影响会议进度以及会议效果；在会议结束阶段，会议的内容可以被一键保存，帮助员工及时复盘，提高员工工作效率。

7.4 出差管理要适应数字化转型

出差管理指的是企业对在外出差人员的出差过程进行监管，以降低出差成本。在数字化转型浪潮下，许多企业都开始重新思考企业的管理模式，出差管理也在其中。出差管理要适应企业数字化转型，围绕极致体验和极致效率展开，实现企业业务流程的数字化升级。

7.4.1 传统出差管理的弊端

为什么出差管理要适应企业的数字化转型？主要原因就是传统出差管理有许多弊端，这些弊端主要可以概括为以下3点。

1. 出差报销标准不合理

很多企业的报销标准的制定时间比较早，是按照制定年代的价格计算的。物价逐年上涨，企业的报销标准却没有及时调整，这使得出差人员的实际需要很难被满足。

2. 程序烦琐

企业的报销流程大多采取纸质表格申请和人工审批的流程，流程非常烦琐。例如，某企业的一名员工F因工作原因需要去外地出差，F需要先填写出差表格，然后将表格上交，经过层层审批后，F才可以出差。之后F回到企业，还需要填写报销表格，将表格与出差过程中产生的费用的发票上交，再次经过层层审批，F才能得到报销款。这个流程需要耗费很长的时间，任何一个环节出错都有可能造成出差费用无法顺利报销。对于企业中的财务人员、管理人员以及出差人员来说，这样的报销流程很烦琐，报销耗费时间长，企业的运作效率低下。

3. 管理意识差

企业管理层不仅需要管理出差方面的事宜，还需要管理与企业未来发展息息相关的重大事宜，所以企业管理层对出差事宜进行管理的意识较差或者可能没有很多精力用于核查出差的费用及相应票据。一些企业的工作人员就会利用这个漏洞，提供虚假票据，造成企业不必要开销的增加，增加了企业成本。

如果企业依旧使用传统的出差管理模式，那么可能会面临一些财务风险，甚至被时代淘汰。所以企业应该尽快寻找新的方法，以让出差管理适应企业的数字化转型。

7.4.2 "寄存账户"：获取出行数据

寄存账户是一个企业为记录出差人员的出差数据而创建的账户。

嘉惠国际中国区总经理王璐是这样定义寄存账户的：“寄存账户是一个跨越航空公司、旅行社和金融行业的产品，有点类似信用卡。简言之，是一个把这三个理念结合在一起的产品。”

出差人员可以使用寄存账户支付出差中的花销，使出差消费公开透明，不再需要专门的工作人员对出差人员的消费一项项核对，降低了企业的人力成本，提高了企业出差管理的效率。如果企业没有寄存账户，那么只能将出差人员的报销票据按顺序整理并审批，在无法直接确定票据是否是出差过程中产生的票据时，相关人员还要寻找证据，浪费时间和精力。

寄存账户的出现，使得企业能够更加便捷地制定一份与企业发展要求相匹配的出差方案。寄存账户上收集了企业的所有出差数据以及不同平台的酒店、交通的价格，企业只需要明确自己的出差需求，寄存账户就能帮助企业匹配合适的出差方案。

企业应该建立一个寄存账户，制定出差方案，整合出差数据，这样可以清楚地知道出差人员的每一笔支出都花费在哪里，加快相关部门审批速度，提高企业整体的运作效率。

7.4.3 进一步简化报销流程

传统的出差报销流程很烦琐，十分浪费相关人员的时间、精力，那么企业应该怎么做才能简化出差报销流程？

企业可以与专业的差旅企业合作，分析比较每个差旅企业在价格、服务上的区别，选择与最符合自身需求的差旅企业合作。差旅企业会将出差人员的大多数报销单据数据化，让出差中产生的各项费用一目了然。同时，通过差旅企业预订车票、酒店等，企业还可以享受一定的折扣。这样既能满足员工的出差需求，又能为企业减少成本。

例如，某大型企业为简化报销流程与其他差旅企业合作建立了一个共享服务平台，规范了出差流程。出差的员工只需要出差前在平台上提交申请，企业审批之后不需要再为出差过程中的业务以外的事情烦恼，企业会直接帮员工预订好出差的交通工具以及酒店。员工出差结束后可以直接通过共享服务平台完成报销，报销流程得以简化，报销速度得以提升。

招商银行旗下的子公司招银云创和携程旗下专业做差旅管理的携程商旅之间达成战略合作关系，打造了一个集差旅、报销、审批、支付于一体的企业一站式差旅管控服务闭环，用数字化产品为企业赋能，提高企业运营效率，促进企业数字化转型。

当前，很多企业都选择和差旅企业合作。差旅企业会为客户企业提供一站式出差管理服务，企业集中支付出差费用，不需要工作人员一张一张地核对相关票据。这不仅能减少因报销而带来的烦琐工作，简化企业报销流程，提高企业报销效率，还能有效避免报销过程中出现差错。

第8章

生产赋能：构建现代生产体系

在互联网快速发展的背景下，如何快速生产成为很多企业尤其是传统企业面临的难题。现代化体系是企业高质量发展的重要支撑。在大变革时代中，企业应该学会构建现代生产体系，为生产赋能，提高企业生产效率。

8.1 数字化时代的生产路径

数字化时代的到来催生了许多新事物，企业的生产路径也得到拓展。企业如果想要实现数字化转型，就需要利用新的生产路径提高生产效率。

8.1.1 “产品→用户”vs“用户→产品”

“产品→用户”指的是企业先将产品制造出来，再在合适的市场中寻找目标用户；“用户→产品”指的是企业先在市场上调研用户的需求，再根据用户的需求生产相关的产品。

前一种生产方式是企业数字化转型之前大多数企业的生产方式，但在数字化时代，用户的需求越来越趋于个性化、定制化，因此企业应积极转变生产方式，从以产品为中心转变为以用户为中心。

例如，小熊榨汁杯的诞生就是因为小熊电器先通过调查了解得知，市场上的主流消费群体——年轻人更喜欢方便小巧的小型家电，同时也更加注重产品的颜值。小熊电器将“随时随地鲜榨果汁”“分享每一个鲜榨时刻”作为榨汁杯的宣传语，多维度、多场景地从用户的角度出发进行考虑，充分抓住用户的喜好，以用户为中心，生产符合其需求的产品，从而提高企业知名度和产品销量。

喜临门也使用了“用户→产品”的生产模式。喜临门发现大多数用户都有睡眠问题，所以一直以“致力于人类的健康睡眠”为使命生产能提高用户睡眠质量的床垫。截止到2022年2月15日，喜临门已经拥有812项全球技术专利。例如，喜临门的抗菌除螨床垫、椰棕弹簧床垫等都是针对不同人群的需求研发出来的产品，充分考虑到不同用户的不同需求，以优质、定制化的产品给予用户更好的睡眠体验。

Keep也遵循以用户为中心的生产策略。Keep是一家专注于运动的全球化运动科技公司，其一直追求“Make the World Move（让世界动起来）”，它的企业文化是“正直、感恩、创新、开放、高效、极致”。Keep的诞生源于创始人王宁在大四时因为太胖而网恋失败的经历。这次失败的经历让王宁变得不再自信，他开始寻找减肥的方法。他在网络上搜索健身视频时，只能看到很多老旧的健身视频，最终王宁不得不在互联网上东拼西凑地找出一套减肥方法。

在王宁减肥成功后，许多人都问他具体是怎么做的，他发现原来还有这么多人在减肥方面有需求。于是他产生了研发一个健身软件的想法，以便让更多人能很容易地找到减肥方法，成功实现减重，所以Keep诞生了。Keep是一款典型的以用户为中心的产品，Keep中有各种不同类型的视频，如快速减脂、增肌、体型塑造、养心瑜伽等，能满足有着不同需求的人群的健身需求，助力人们保持健康。

在数字化时代，企业所有产品研发、业务开展都应秉持以用户为中心的原则。只有用户的需求被最大限度地满足了，企业的产品才能拥有更广阔的市场，产品销量才会更好，企业才能发展得更长久。

8.1.2 孵化新形态与新物种

科技的快速发展使企业的产品研发能力与迭代能力不断提升，

很多企业在新兴技术的助推下孵化了新的形态与物种，越来越多的新鲜事物出现在市场中。

例如，盒马就是数字时代的新产物。盒马利用互联网技术让自己的零售价保持统一，还让用户实现线上购物。盒马将线上线下融合，更能迎合互联网时代年轻人的喜好。盒马以生鲜这一品类的产品作为自己的主要卖点，它基于现在大多数年轻人不喜欢做饭的特点，向用户提供便于烹饪的生鲜食品，以此吸引很多用户。

盒马还使用了自动化物流设备，并运用“仓店一体”的核心逻辑，使每一家盒马实体门店既是一家门店又是一个仓库。例如，盒马的线下门店的上方有一个全自动悬挂链物流系统，这样能够快速拣选用户在线上选购的商品。同时，盒马门店还配备了传送系统，将分拣好的商品传送到集中的分拣台上，经过机器筛选匹配好物品所属人后统一配送。

成为盒马的店铺会员的步骤十分简单，当用户第一次进入盒马门店消费时，会有专门的服务人员指导用户安装盒马的软件，让用户注册成为会员。然后用户可以将盒马软件绑定支付宝或者微信，实现更快的付款。这样简捷的注册方式使得盒马拥有大量的会员，盒马由此构建了一个庞大的数据库，创造了线上线下相互引流的机会，孵化用户购物新形态，为用户提供全渠道的消费体验。

8.1.3 家居企业：价格设计先于产品设计

如今，许多家居企业会在设计产品前先确定出售价格，以便从根源上压缩生产成本。“现代营销学之父”菲利普·科特勒这样说过：“先有价格，再有产品，而产品是让价格显得更合理的工具。”

宜家就是一个典型的例子。下面以宜家为例，简述家居企业的产品生产过程。

第一步，定价。

在正式进行产品开发前，宜家的产品开发团队会对产品的成本进行核算，产品的设计师、开发员、采购员等都会从专业角度出发进行成本控制。例如，采购员会考虑产品原料的性价比、供应商提供的价格等问题。这意味着，在产品被生产出来之前，价格就已经确定了。

宜家的产品开发员皮娅在接到Trofe杯的设计任务时，了解到这种杯子的生产成本需要控制在5瑞典克朗以内。为了控制杯子的生产成本，皮娅选用了更节省成本的材料、颜色和制作工艺等，这也是Trofe杯多为绿色、蓝色、黄色、白色的原因。

第二步，选择生产商。

宜家对于供应商有一套完善的管理制度，这套制度通常由宜家的贸易合作伙伴执行。此外，宜家还与外部质量控制机构、审计事务所达成合作，以了解供应商是否符合规范要求。

在供应商与第三方机构的帮助下，宜家的产品成本得到了极大的压缩。由于平面包装可以最大限度地提升运输及存储效率，皮娅降低了Trofe杯的高度，并对手柄的形状也进行了细微的调整，这显著减少了Trofe杯的空间占用，提升了产品的运输、仓储效率。

第三步，设计产品。

在确定了产品的销售价格后，宜家会通过内部竞争寻找最合适的设计师以及设计方案。设计师需要对产品的价格、功能、原料以及选择的供应商等方面进行梳理，整理成一份概要，将其交给设计团队和其他自由设计师，从而不断地对原有的设计进行改进，获得最完善的设计方案。

“为大部分人创造更美好的生活”是宜家的品牌理念，也是宜家努力压缩成本、控制售价的原因。产品成本低还可以在一定程度上解决原材料浪费、环境破坏等问题。例如，更低的色素含量不仅意味着更低的生产成本，还意味着更高的环境友好性。

MUSM（否思）也采用了价格设计先于产品设计的方法。MUSM中国地区总裁吉丽安对这种方法评价道：“优势在于，我们控制了供应链的所有环节，能使每个环节都有效地降低成本，使其贯穿于从产品设计（造型、选材等）到OEM厂商的选择/管理、物流设计、卖场管理的整个流程。”

这种价格设计先于产品设计的生产模式的本质是一种对于价格区间的细分定位。在家居行业逐渐变为“红海”的今天，实现产品垄断已经越来越困难了，但是这种独特的生产模式从价格定位入手，帮助宜家实现了价格区间的垄断，为宜家赢得了良好的市场口碑。

8.2 不可忽视的生产模式变革

企业的数字化转型离不开生产模式的变革。随着数字化的高速发展，企业的生产模式已经逐渐从全人工模式转变为数字化模式，很多企业的工厂里都配备有高科技产物——各类智能设备，企业的生产效率得到提高。

8.2.1 打造完善、强大的工程体系

企业若想顺利推进数字化转型，不仅要引入数字化的生产理念，还要引入数字化的技术为企业的工程体系赋能。数字化转型是一个长期的过程，并非一蹴而就，只有打造一个完善、强大的工程体系，才足以支撑企业成功实现转型。

企业打造工程体系的目的有两个：一是加速针对用户需求的生产；二是提供更稳定、更快速、更好的产品体验。完整的工程体系如下页图所示。

首先，企业要利用需求管理平台沉淀用户数据，排列用户需求优先级。在数字化时代，一家能够将数据与原有工程体系进行有效整合的企业，拥有更大的竞争优势。如何对产品数据、用户数据进行整合、挖掘、分析、预测，已经成为企业打造强大的工程体系的重要课题。

如今，企业可以将各个渠道内用户消费习惯、使用偏好、个性化需求等高价值数据收集起来。例如，苹果公司推出的服务：每位用户在使用新的设备之前，都会收到一个弹窗——询问用户是否愿意与苹果公司共享自己的偏好数据。分析这些数据，苹果公司就可以为用户提供更好、更加个性化的服务。

其次，企业要构建功能完好的研发管理平台，还要做好产品的迭代优化。企业有了明确的战略愿景和目标一致的团队，做好了用户数据沉淀，接下来就需要按照用户需求，改进自己原有的生产体系，使其适应市场的变化。

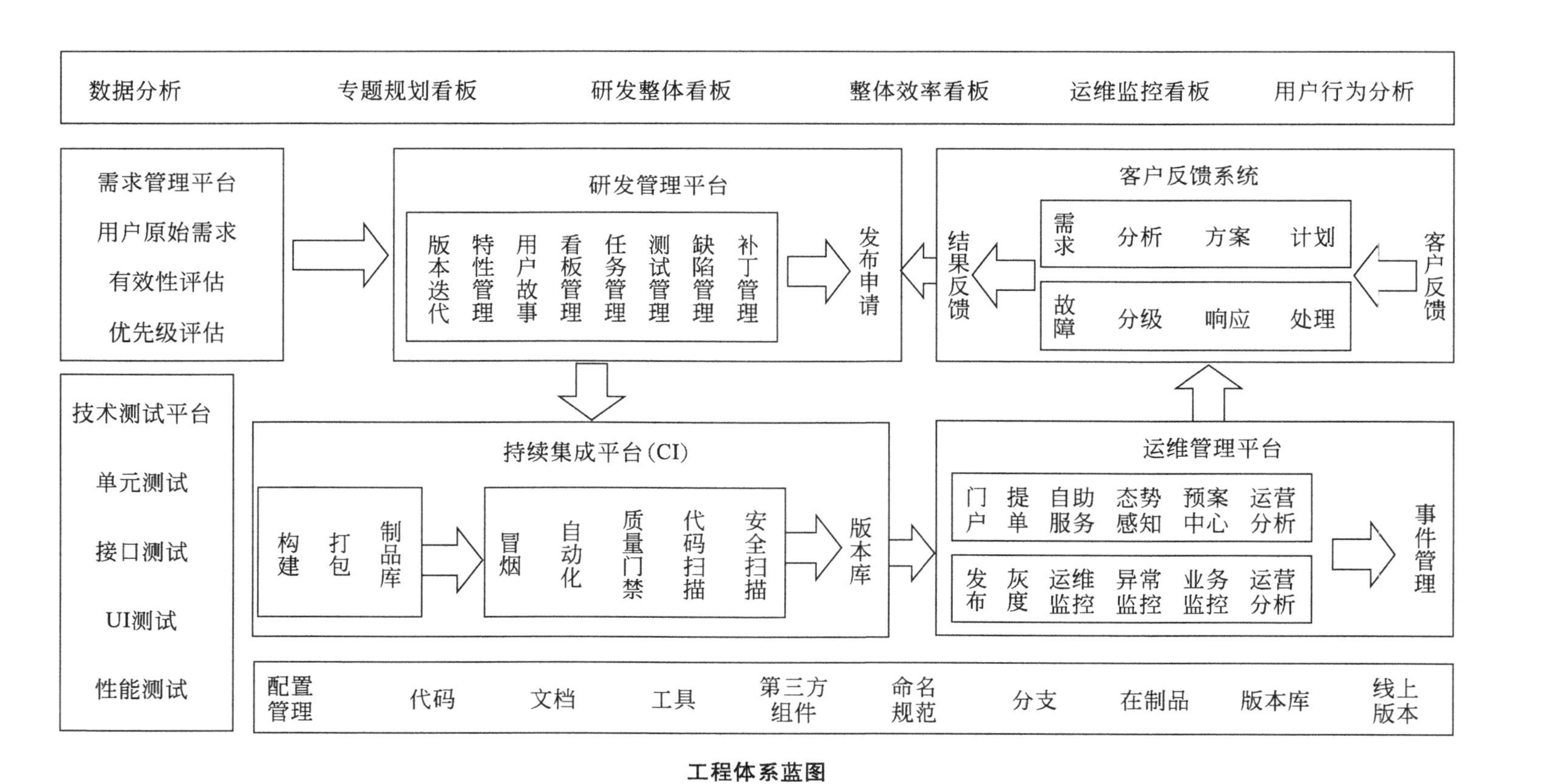
数据分析
专题规划看板
研发整体看板
整体效率看板
运维监控看板
用户行为分析
需求管理平台
用户原始需求
有效性评估
优先级评估
研发管理平台
版本迭代
特性管理
用户故事
看板管理
任务管理
测试管理
缺陷管理
补丁管理
发布申请
结果反馈
客户反馈系统
需求
分析
方案
计划
故障
分级
响应
处理
客户反馈
技术测试平台
单元测试
接口测试
UI测试
性能测试
持续集成平台(CI)
构建
打包
制品库
冒烟
自动化
质量门禁
代码扫描
安全扫描
版本库
运维管理平台
门户
提单
自助服务
态势感知
预案中心
运营分析
发布
灰度
运维监控
异常监控
业务监控
运营分析
事件管理
配置管理
代码
文档
工具
第三方组件
命名规范
分支
在制品
版本库
线上版本

工程体系蓝图

在持续集成平台上，依托于多种先进的数字化、自动化技术，企业会不断地更新自己的产品生产线，确保产品的迭代能够高效完成。

以马扎克机床为例，在沉淀用户数据的同时，它还在不断更新自己的生产线，让用户可以用他们的智能自动化机床高效生产出更多高质量的产品。如果没有过硬的工程体系支持，那么再好的软件也无法满足客户的高质量需求。

最后，利用好客户反馈系统，将客户新的需求以及反馈的问题收集起来上传到产品研发管理平台，进行版本的迭代优化。此外，当产品被销售出去之后，企业也要注意对用户使用情况跟进一段时间，确保产品的质量和用户操作正确，必要时还可以为用户提供一定的技术支持和辅导。当用户反馈产品出现问题的时候，企业一定要与用户保持联系，并在第一时间联系技术人员进行检查维修。

8.2.2 从普通工厂到数字工厂

打造数字工厂是企业实现数字化转型的有效途径之一。不少企业为了提高自己在市场中的竞争力，都开始将工厂升级，打造数字工厂。企业可以利用大数据、云计算、物联网等技术，实现工厂的数字化，提高工厂的生产效率。

2021年12月，美的旗下子公司美云智数举办了一场走进“数字工厂”的活动，邀请了媒体进行跟踪报道，让更多人了解美的是如何打造数字工厂的。该工厂运用了智慧物流系统，人们走进工厂就能看到智慧物流车在搬运货物。

工厂负责人介绍说：“结合车间的5G网络，我们打造了5G+AGV

的智能仓库应用场景。该场景应用了由美云智数打造的智能物流平台，实现AGV自动搬运车和智慧物流系统相结合。”美的打造的数字工厂使美的生产效率提升了将近30%。

同时，美的还建造了一个数字科技产业园，聚焦智能机器人、数字孪生、云计算等核心技术，促进数字工厂硬件升级和算力升级。美的产业园的项目方是这样介绍它的：“美的集团数字科技产业园不仅肩负楼宇产业既有产品升级的重要使命，也有利于发挥‘低碳+智能’标杆园区的示范引领作用，对行业转型试点具有重要意义。”

技术带来的个性化需求使得人们的价值观差异越发明显，也让已经形成的市场格局再次被打破。为了适应时代、经济发展的新趋势，企业必须重视打造以数据为基础的数字工厂，尽快实现数字化、智能化生产，减少生产过程中的人为干预，促进企业的数字化转型。

8.2.3 引入先进的云系统

云系统又称云OS、云计算操作系统，主要由云计算和云存储两部分组成。云计算通过数据中心设置大量计算机服务器群，通过网络传输的方式为客户提供差异化服务；云存储通过对客户的信息进行跨区存储，以达到节省本地存储空间的目的。

徐工是云系统应用的代表性企业，为我们揭开了云系统的神秘面纱。

徐工的占地面积约为16.7万平方米，智能制造基地中90%的工作基本上都是由机器人（如焊接机器人、切割机器人和涂装机器人等）完成的。通常我们认为机器人是没有思想、行动迟缓的，而徐工的机器人却十分灵活，工作效率很高。徐工的机器人可以做到在生产线上自由走动，且不触碰其他物品。

由于徐工对机器人进行了精细的分工，且生产过程早就被记录在系统中，因此系统能够根据生产进度自动下达指令。也就是说，几乎不需要人工参与，机器人只需要按照收到的指令进行操作就可以完成相应的生产流程，产品的生产过程可以实现高度自动化。

徐工的独到之处还不止于此。徐工设立了云车间，里面有一个调度系统，管理着所有的数控单体设备和集群设备。例如，当一台车床加工完成后，会自动向调度系统发送信息；收到信息后，调度系统会安排轨道把产品送到下一个工序，上一个工序也会通过轨道把产品送到车床上。另外，关于此产品的所有工序都会被记录下来，包括在哪一台车床上、在什么时间、完成了什么任务等。

在云车间的助力下，工人成为质检员，主要职责是对所有的产品进行质量检测。在这里，每个工人都有一个智能终端系统，系统会显示今天需要完成的任务、生产线上的整体任务等。工人根据调度系统发布的指令去现场检测产品，以判断产品是否合格。

云车间里的机器也充满了互联网“脑细胞”，这些机器上有GPS定位系统、GPRS无线通信系统和数据库自动识别系统等，它们组合在一起就构成了一个感知系统。以往徐工用于生产的机器出现状况时，工程师诊断问题的整个过程很烦琐，而且工程师需要核对很多与机器相关的信息。而现在就不需要，因为机器上贴了条码，工程师只需要用手机扫描，机器的所有重要信息都会显示出来，如客户信息、服务商信息、零部件的研发与生产信息等。

现在是一个拼效率、讲质量的时代，云系统引领下的智能工厂力求无人化生产，减少人为干预，实现高度自动化。同时，让机器人负责繁重的体力劳动，改善工作流程，也是工业互联网要达到的理想状态。

8.3 如何实现数字化生产管理

市场竞争激烈，降本增效成为企业获得成功的关键，而数字化生产管理能帮助企业降低成本、提高效率，所以企业应积极进行数字化转型。但在数字化转型过程中，很多企业都会面临一个问题：如何实现数字化生产管理。下面具体讲述企业实现数字化生产管理的3个路径。

8.3.1 路径一：用智能系统优化人员安排

人工智能快速发展，并逐渐渗透到人们生活的各个方面，产业智能化成为企业未来发展的重要趋势。

无论是什么类型的企业，都需要在规定时间内完成一定的生产任务，以促进后续环节有序开展，更好地抢占市场份额。对于大多数企业来说，员工是生产的根本，生产任务需要围绕员工进行。如果员工排班不合理，就很有可能出现生产进度、产品质量无法保证，生产任务无法按时完成等问题。

企业使用智能系统优化人员安排可以有效避免这些问题。智能系统可以对员工的生产效率进行精确管理，帮助企业合理排班。智能系统主要通过以下3种方法优化人员安排。

1. 业务量预测

智能系统会通过之前的工作数据，以及一些外部的因素，如地理条件、环境影响等综合分析企业未来一段时间的业务量，以合理安排员工工作。

2. 排班匹配

智能系统会依据员工的特点匹配员工工作时间。如果一位员工连续工作超过4小时效率就会降低，那么智能系统会安排该员工每连续工作4小时就休息一段时间。如果一位员工生活作息时间颠倒，智能系统就会给这位员工安排夜班或者比较晚的班次。智能系统会综合考量各方面因素，快速排好员工班次，节约企业的时间成本。

3. 人力调度

当遇到突发情况或原本的排班人员无法按时上班时，智能系统可以根据其他员工的居住地距离、任职岗位等情况自动向企业推荐备选人员，帮助企业快速锁定可以接班的人。

8.3.2 路径二：生产设备自动监测

随着科技的发展，很多企业的现代化水平也有所提升，具体体现在，很多企业使用数字化生产设备，实现对生产过程的自动监测，助力企业尽快实现数字化转型。

生产设备自动监测有3个功能：全面做好动态数据监测、智能化交流以及信息服务共享。

1. 全面做好动态数据监测

具有自动监测功能的生产设备可以帮助企业监测动态数据。动态数据通常指在产品生产过程中会跟随产品生产环节变化而发生改变的数据，包括产品尺寸、物流信息、零件状态等。这能确保整个产品生产流程在可以控制的范围之内，实现动态化监测。

2. 智能化交流

生产设备自动监测能让生产过程中的许多步骤都可以在互联网上操作，所以管理人员或者领导在任何地方都能实时发送和接收指令，实现智能化交流。

3. 信息服务共享

企业可以为不同层级的员工设置登录权限，让员工看到相应的信息，有效实现信息服务共享。

例如，主营医疗器械研发、销售的新海科技集团将大数据技术覆盖产品生产的整个流程，实现生产设备自动监测，提升了产品质量以及产品生产速度。

生产设备自动监测还为新海科技集团发现质量问题时提供了方便快捷的溯源渠道，为新海科技集团提供精确的数据，让新海科技集团可以快速找出问题所在。生产设备自动监测为新海科技集团从传统企业向数字化企业转型提供了良好的基础。

生产设备对企业来说十分重要，它能决定产品的生产效率以及质量。生产设备好则企业好，生产设备数字化则企业数字化。实现生产设备自动监测是企业实现数字化生产管理的重要路径之一。

8.3.3 路径三：360° 生产环境监控

企业的生产情况以及生产效率对产品质量有着重要影响。如果企业生产设备出现问题，那么企业的盈利会受到影响。因此企业必须及时得知生产设备的运行状态，在生产工厂安装360°生产环境监控是一个很好的解决办法。

360°生产环境监控主要有3个功能：实时监控、报警系统以及数据交互。

1. 实时监控

监控设备连接着生产系统，相关人员可以通过生产系统了解工厂中每台设备的运行状态以及工厂的实时生产情况。监控设备还会在相应的显示屏上展示生产工厂的系统流程图，将数据通过动态图像的方式直观地展现给管理人员，让不够专业的人员也可以看懂。

2. 报警系统

报警系统在生产流程出现问题时可以发出警报，及时让相关人员了解情况。报警系统可以展现实时报警和历史报警信息。实时报警能够及时反映生产过程中的问题，确保生产进度和产品质量，提高工厂生产效率。

历史报警是对工厂以往生产过程中问题的记录。上面会显示每一次报警的时间、确认的时间以及恢复的时间。历史报警界面上还会显示每一次报警究竟是被如何处理的、谁解决的等信息，帮助企业后续出现问题时及时找到原因。

3.数据交互

数据交互，指的是数据在不同设备、系统之间相互传输。具有数据交互功能的监控设备可以使企业不同设备之间数据的传输不受其他因素的限制，帮助企业快速获得设备状态信息。

第9章

营销赋能：打造营销新模式

时代快速发展，新技术层出不穷，整个社会都被新技术推着向数字化方向发展。企业要学会使用新技术为营销赋能，通过变革营销渠道、创新服务方式、制定全新的营销战略等打造营销新模式。

9.1 数字化时代，营销有新玩法

在数字化时代，为了更好地顺应时代发展潮流，在竞争中占据优势地位，企业不仅要革新生产模式，还需要开创新的营销玩法。

9.1.1 自动处理滞销产品，优化库存

技术不断发展，企业生产产品的速度也不断加快。一些传统企业由于没有及时对仓库的产品进行清点或者清点有误，仓库里有滞销产品而不知。而智能仓库管理系统可以解决这一问题。

智能仓库管理系统是数字技术发展的产物。借助智能仓库管理系统，企业可以实时查看产品库存情况，这在很大程度上解决了产品滞销的问题。那么智能仓库管理系统具体是如何发挥作用的？

1.加强其他部门与仓库的协作

产品滞销不只因为仓库管理人员没有定期盘点，还和企业中一些部门没有很好地与仓库协作有关系。例如，生产部门、采购部门以及销售部门不关注产品库存情况，盲目地开展工作。在智能仓库管理系统出现之前，各个部门可能存在与其他部门沟通不及时或对仓库中产品库存情况不够了解的问题，这可能导致仓库中产品积压、滞销。

但在智能仓库管理系统出现之后，企业中生产部门、采购部门、销售部门的员工只需要登录系统就能够清晰地知道应该多生产什么产品、多采购什么原料、多推销什么产品。这样就加强了企业各部门之间的协作，减少了产品滞销情况的发生，保证企业正常运转，获得更多的收益。

2.库存警告

智能仓库管理系统有库存预警功能，防止员工因查看系统不及时而不了解产品库存的情况出现。智能仓库管理系统会在产品库存不足时向工作人员发送消息提醒其补货，还会在某一款产品库存数量一直没有太大变化时提醒工作人员需要优先销售这款产品，让产品保持良好的流通，减少产品滞销情况的发生。

3.效期管理

商品的保质期也是企业尤其是快消品企业应重点关注的一个方面。智能仓库管理系统具有产品临期提醒的功能，企业可以在智能仓库管理系统中设置离产品保质期还有多久时进行提醒，留出足够的销售时间，防止产品过期。

智能仓库管理系统还拥有记忆功能，当以前入库过的产品再次入库时，系统会直接显示该产品的保质期，不需要工作人员再次输入。

大多数企业都知道产品滞销的危害，只是一直没有合适的办法解决这个问题，而智能仓库管理系统可以帮助企业很好地解决这一问题，实现滞销产品自动化处理，优化企业库存。

9.1.2 引进虚拟试衣、VR眼镜等数字化设备

随着数字技术的不断发展，数字化设备也不断涌现，虚拟试衣、VR眼镜等数字化设备都是企业在进行数字化转型时可适当引进的设备。

用户在网络上购物只能看到一些视频和图片，所以在购买服装类商品时很容易出现尺码不合适、版型不适合自己等问题。而虚拟试衣的出现解决了这些问题。用户可以根据自己的身材数据建立三维立体模型，之后就可以将自己感兴趣的衣服“穿”在自己的虚拟模型上，这样用户可以直观地看到衣服的上身效果，降低用户退换货的概率，也降低了由于用户退换货而给企业带来的成本。

除此之外，VR眼镜也是企业常用的数字化设备之一。

《纽约时报》与谷歌合作开展了一个有关虚拟现实的项目。《纽约时报》随报纸一共向用户发放100万副由虚拟现实纸板制作的VR眼镜，方便用户通过这副VR眼镜观看由《纽约时报》推出的电影。《纽约时报》的编辑杰克•西尔沃斯坦认为：“虚拟现实的力量在于，它能在观众和人物事件之间建立一种独特的移情关系。”

《纽约时报》通过这个项目开启了数字化之旅，也开辟了一条利用VR眼镜向用户销售报纸的新路径。

9.1.3 大力发展无人零售

市场物价逐渐上涨，企业的用人成本不断增加，无人零售成为

零售企业发展的新趋势。无人零售主要有以下3个优点。

1. 应用场景广泛

无人零售选址灵活，它可以出现在很多地方，如学校、商场、街边、广场、火车站以及机场等。

2. 投入成本低

现在大多数的无人零售业务都是通过无人零售柜开展的，企业不需要缴纳高额的店铺租金，也不需要雇用员工，大大减少了成本投入。

3. 时间便利

无人零售可以实现24小时营业，不需要考虑员工休息时间。全天候的营业时间，确保企业能够抓住更多的零售机会，获得更多消费者，增加盈利。

在数字化时代，企业应该不断创新营销新玩法，大力发展无人零售，提高营销效率，获得更多收益。

9.2 变革营销渠道，精准触达用户

随着经济的不断发展，许多领域的市场趋于饱和，竞争越来越激烈。因此很多企业都通过变革营销渠道，精准触达用户，以适应新的市场环境，占据更多市场份额。

9.2.1 设计官网，展示品牌形象

所谓官方渠道，其实主要是指企业自己的官网。官网是企业的一张名片，记载着企业的发展概况和产品信息。那么，企业应如何设计官网呢？可以从以下几个方面入手。

1. 需求分析

官网是企业面向大众的窗口，能展现品牌形象，解决用户疑问。企业要根据自身所处阶段及宣传需求对官网进行合理设计。初创企业的官网需要集中展现核心业务，以及和其他企业的差异；成长中的企业需要适当转型，在官网中要着重宣传新业务；较为成熟的企业需要细化每个产品线的内容，要在官网中尽力展现出专业的形象。

2. 总体定位

虽然每家企业的核心业务不同，但官网的总体设计都是由广告语、核心业务、优势、产品介绍、企业简介等部分组成的。企业要明确自身的总体定位，根据定位设计官网的各部分内容，以突出自身的核心优势。

3. 风格确定

官网的风格需要根据品牌的调性来确定，使得官网既能呈现出品牌形象，又能强化产品优势。例如，Adobe的官网以黑色为主色，辅以简单的图片拼接，低调又吸引眼球；苹果官网秉承着“less is more”的简约风格，官网设计以黑色、白色、灰色为基础色调，搭配简单的宽屏高清图，传递出优雅、极致的品牌理念，给用户一种高级感。

4.优化首页设计

官网的首页主要展现企业的愿景、产品的定位、企业的核心业务等，能够使用户对企业有一个大概的了解。首页是对官网各个部分功能的概述，为用户提供目录式的指引。

营销是一项重要的工作，可以帮助企业展示自身优势，宣传品牌形象。企业官网的页面应具备统一性，确保各个功能模块的标题、文案、图片等风格大致相似。

9.2.2 技术型广告为营销赋能

随着技术的不断发展和广泛应用，技术型广告越来越受欢迎，企业与用户之间的距离更近。跨屏广告、实景广告是较为常见的技术型广告，是数字化时代的产物。

1.跨屏广告

试着想象这样一个场景：你在下班前用电脑浏览了一件心仪已久的连衣裙，下班回到家后发现手机上的电商平台为你推荐了这件连衣裙。于是你就认为这是你和连衣裙之间的奇妙缘分。事实真的是这样吗？其实这是跨屏广告在发挥作用。

对于企业来说，将广告精准地推送给用户是实现营销成功的重要一步。而跨屏广告能够实现把广告发送到同一个用户的所有智能设备上，如手机、电脑、iPad等。这种重复向用户推送广告的策略有利于提升企业的营销效果。

如今，借助大数据、5G等技术，跨屏广告已经成为现实，这为企业带来新的机会。跨屏广告的核心要点是跨屏识别，企业需要明确用户的每一次浏览行为背后的目的，打通与用户相关的各类数据，如账号、Wi-Fi、IP地址、消费习惯等。

除了大数据外，物联网让跨屏广告拥有了现实的场景。智能设备之间的直接通信是物联网最典型的应用之一，而线上线下导航是物联网和传感器的另一个典型应用。因此，在物联网的影响下，用户的购物体验将进一步提升，企业也将获得更多基于用户行为的数据，这些数据可以提升广告的投放效果。

2.实景广告

实景广告是通过VR或者3D投影技术将具体位置的实际景象以互动的方式展示给用户。房地产行业、景区、购物中心、游乐园、酒店等都非常适合采用这种广告形式。对于企业来说，实景广告就像“开箱”展示一样，可以给用户一种真实的体验和身临其境的感觉。

目前，因为网速的限制，实景互动还无法在广告上实现，只能通过网站或者App载入。但自从5G出现并得到应用后，网速有了大幅度提升，实景广告会逐渐代替图文广告和视频广告，用户能以任意视角和位置查看产品的细节。

跨屏广告和实景广告是技术带来的革新，开启了数字化营销的“下半场”。跨屏广告和实景广告具有不一样的视角、不一样的玩法，让企业更“接地气”，也为企业创造了更大的发展空间。在这样的趋势下，企业应该尽快开拓创意疆界，积极用技术赋能营销。

9.2.3 掌握消费者的决策路径

《营销管理》一书中提到，消费者的决策路径分中央决策路径和边缘决策路径。

中央决策路径是指消费者的决策行为源于对目标产品信息的大量的理性思考。边缘决策路径是指消费者的决策行为不是基于理性的思考，而是根据自身的认知或其他的边缘信息进行判断，包括体验场景、情绪共鸣、内心感受等。

我们可以将中央决策路径看作理性决策路径，即企业通过突出产品卖点，利用专业数据和细节与消费者沟通。例如，企业在宣传内容中向消费者传递各种事实、数据、权威研究。以买车为例，汽车“发烧友”更关心汽车的性能参数，如果汽车的宣传文案能把这些信息传递给他们，那么“发烧友”就很容易被说服，从而心甘情愿地购买汽车。

边缘决策路径也可以被看作感性决策路径，即企业通过突出产品的使用场景，挖掘消费者的情感共鸣点，向消费者强调产品优势，与消费者建立情感连接。例如，别克旗下的4款汽车君越、君威、英朗、威朗分别针对成功人士、中产阶级、已婚白领和未婚白领。针对这4类人群的情感需求，4款汽车有不同的广告语。君越的广告语是“不喧哗，自有声”；君威的广告语是“一路潮前”；英朗的广告语是“懂你说的，懂你没说的”；威朗的广告语是“天生爱跑”。

再如beats耳机的宣传广告，通过拳击明星邹市明凸显产品的基调，试图激发消费者的感性情绪。同时，beats耳机也没有忘记与消费者进行理性沟通，用强大的性能征服消费者，获取消费者的信任，如下图所示。

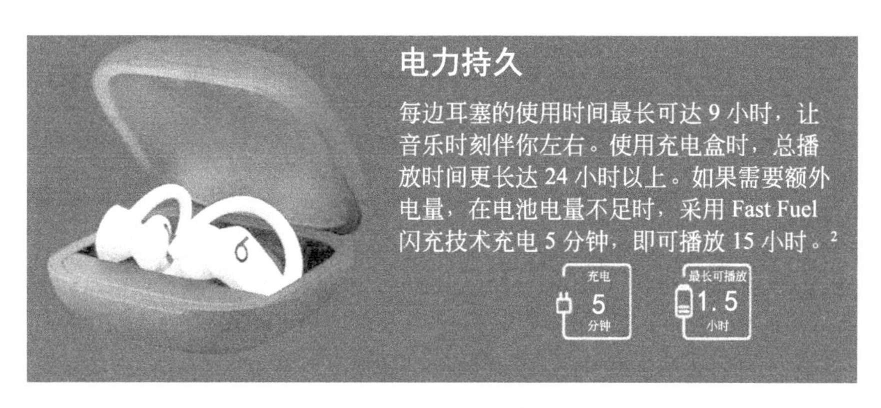

beats耳机的理性广告

感性与理性的结合，既能满足消费者外显的理性需求，又能满足消费者隐性的情感需求，以达到更好的营销效果。相关心理学研究证明，人的理性是有限的，如人们往往在认知、判断、决策等方面不是很理性，而且大多数人在极端情况下都无法保持理性。

因此，企业不能只凭借极具理性的逻辑来说服消费者，比如不断给消费者介绍产品的性能和技术优势。对于企业来说，更重要的是时刻洞察消费者的价值观、行为、心理、情感诉求，在此基础上促使他们做出感性决策。

9.3 创新服务方式，打造极致营销体验

管理学大师托马斯·彼得斯说过："要么创新，要么死亡。"这句话充分体现了创新对企业的重要性。企业想为用户提供极致的营

销体验也需要创新，这种创新主要体现在服务方式上，因为用户的体验的好坏主要取决于企业提供的服务的好坏。

9.3.1 大数据让服务更精准

之前企业通常采用市场调查的方式对市场情况、现状及发展趋势进行搜集、记录、整理和分析，从而制定更科学、合理的发展策略。随着技术的不断发展，大数据被广泛应用于各个领域，成为市场调研的重要技术支持。

企业可以利用大数据预估产品的销售额，更精准地进行用户需求匹配，从而提升交易效率及品牌知名度，维护品牌口碑。例如，亚马逊利用大数据技术打造个性化推荐系统后，销售额大幅提升。个性化推荐系统逐渐被应用于新闻、书籍、音乐、社交等各种产品中。

如今，许多销售型企业都利用大数据了解用户的浏览、购买、回购、投诉、退换等消费情况，进而对自身的产品进行优化，将产品信息精准推送给用户，为用户提供更优质的个性化服务。

淘宝就是利用大数据进行产品推荐的典范。用户输入关键词搜索产品时，搜索结果并不完全是随机的。淘宝后台通常会根据大数据判断用户偏好，将那些容易激起用户消费热情的产品置于顶部，从而引导用户的消费行为。

在大数据时代，企业可以通过对繁多复杂的大数据进行集成分析，根据数据分析结果预测新一轮消费热点，将产品信息和优惠活动精准推送给可能有需求的用户，为用户提供精准、便捷的个性化服务。这样不仅可以极大地提升用户活跃度，还可以全面优化产品决策，增加企业盈利点，充分挖掘大数据的商业价值。

9.3.2 数字化背景下的极致体验

vivo作为智能手机领域的国际化品牌，目前已经覆盖国内600多个城市，并在海外城市设有线下网点。vivo持续追求研发具有极致影像、专业音质和愉悦体验的智能产品，每年都会投入大量研发成本。

vivo不仅聚焦于手机硬件研发，还致力于成为全生态链科技型企业。消费市场的不断变化使vivo开始积极寻求更高效的数字化服务方式。vivo针对线下门店管理模式及线上运营模式进行了一系列数字化转型探索，力求为消费者提供全新的消费体验。

首先，vivo构建导购员与用户持续互动的新方式。

vivo利用互联网技术优化导购与用户之间的互动模式，创新出“导购扫码+用户扫码”的运营模式，开通将线下用户引流为线上会员的另一渠道。同时，利用通信平台建立起与用户之间的联系，实现导购与用户一对一持续互动，及时关注用户需求，使得用户在线上线下选择产品、下单支付、运输物流和售后服务等环节中获得更好的消费体验。

其次，vivo利用大数据等信息技术，对门店进行数字化升级。

vivo建立了产品与导购、用户之间的联系，留存场景化交互数据，深度挖掘用户需求，为用户提供个性化服务。vivo在优化用户体验的同时，时刻洞察市场发展趋势，延伸产品线，助力符合用户需求的新产品研发。

最后，vivo结合多种信息技术进行网络营销。

vivo充分利用社交媒体渠道推广企业、品牌、产品和服务，迅速建立起品牌认知，增强品牌的市场认可度；借助网络分析工具，出具相关分析报告，结合报告制定出符合市场需求的经营策略；通过跨职能协作创新数字化营销途径。

在数字化转型方面，vivo真正做到了“转换”“融合”与“重新构建”。“转换”是将传统的信息技术的数据信息转化为新一代信息技术的数据信息，从而促进技术应用的升级；“融合”是将实体运营全过程转化为信息系统中的数据信息，将信息技术与企业管理切实融合；“重新构建”是对传统生产模式下的设计研发、生产经营等环节进行重新构建。

在进行数字化转型时，企业需要重视用户体验，只有时刻“想用户之所想，急用户之所急”，企业才能更好地满足用户需求，在数字化时代的竞争中占据优势地位。

9.3.3 星巴克：文化体验与新型服务设计

星巴克是深受年轻人喜爱的连锁咖啡品牌。它之所以能发展到如今的规模，是因为在保证产品质量的同时，它售卖给用户的不仅是一杯咖啡，还是一种文化体验。我们可以从4个方面分析星巴克的服务设计。

1.以人为中心

很多企业经常因为业绩、指标、预算等因素，过分关注竞争对手，而忽视了“用户第一”的原则。真正能够做到以人为中心的企业通常更容易获得成功。

例如，星巴克的目标用户大多是受教育程度较高、有一定社会地位和经济基础的人。因此，星巴克门店的很多服务细节都在迎合这些人的需求，如一流咖啡豆、原木皮革的家具、昂贵的机器设备、高格调的背景音乐等。另外，星巴克倡导环保理念，例如，用户自己带杯子可以享受折扣、举办涂鸦咖啡杯大赛等，满足了目标用户群体的精神需求。

2.共创

共创，即共同创造。星巴克属于服务行业，服务的创造过程和消费过程是同时发生的，服务提供者的现场表现会直接影响服务效果，所以他们需要参与共创，要具备根据现场情况做出判断、及时调整服务的能力。除了服务提供者外，用户也需要参与共创，因为他们是能接触到所有服务触点（如咖啡、空间设计、服务员等）的唯一群体，例如，星巴克的用户可以通过网上投票帮助门店选择背景音乐。

3.有形的服务

如何让用户记住被服务的美好经历？这是很多企业都在考虑的一个问题。星巴克的做法是推出显性的周边产品和手办，如马克杯、餐具、水壶、速溶咖啡等。这些东西既是服务的纪念品，又是宣传的“利器”。星巴克的猫爪杯因为独特的造型，吸引很多人排队购买。

4.系统性服务

用户体验是一个完整的流程，所以即使企业能把某一个服务环节做到极致，但其他方面服务不周，产生的服务效果依然不会理想。例如，即使很多咖啡店推出比星巴克质量更上乘的咖啡，也依然无法抢走星巴克的目标用户，原因是其他方面的服务无法和星巴克的媲美。因此，企业做服务不能一味关注某一方面，而是要均衡发展，同时满足用户的物质需求和精神需求。

企业的服务设计不仅要关注用户，还要关注流程。服务设计是一种思维方式，它需要企业及时洞察用户需求，注重服务场景、流程的设计，及时发现与用户互动过程中的问题，明确定义并有针对性地解决问题，最终优化整个服务过程。

9.4 营销数字化转型之道

数字化时代已经到来，很多企业都在积极寻求数字化转型的方法与途径。营销作为企业发展的重要一环，也应进行数字化转型。下面将具体分析企业营销数字化转型之道。

9.4.1 制定全触点营销战略

全触点营销指的是通过数字化的方式吸引用户注意力的一种营销方法论，是促进企业营销数字化转型的方法之一。

2021年“双11”期间，京东超市与玛氏箭牌联合打造了一个“玛上打响指，购物车有惊喜”的全触点营销活动。玛氏箭牌在这次“双11”期间推出旗下的7个品牌：益达、德芙、彩虹糖、士力架、M&M’s、绿箭、脆香米。品牌数量众多意味着玛氏箭牌面对的用户是分散且多样的，所以玛氏箭牌选择与京东超市一起设计一场营销活动，在京东超市的助力下完成全触点营销。

该活动在线上线下都有部署，全面渗透目标用户。在线上，玛氏箭牌在京东App上制作了“玛上打响指”的相关小程序，让用户通过参加活动赢得福利。在线下，玛氏箭牌邀请外卖员为大家表演花式打响指。这个活动在线上线下共同发力，实现全触点营销，吸引更多用户参与活动。

随着信息技术的不断进步，企业与用户的连接渠道越来越多。企业只有制定全触点营销战略，才能获取更多目标用户，提高企业效益。

9.4.2 如何做好移动营销

移动营销是一种网络营销方式，指的是企业通过移动设备向用户传递个性化营销信息。企业可以从以下3个方面入手做好移动营销。

1.注重全渠道体验

企业将线上、线下营销渠道相结合，能够使用户获得全渠道体验。但前提是企业要做到线上、线下的产品价格、产品质量、服务水平等都保持一致，只有这样，才能给用户提供无差别的体验。

2.与内容营销相结合

互联网让用户可以接触到更多产品，因此企业不能只通过投放广告获取用户关注，而要通过内容吸引用户。在进行移动营销时，企业一定要重视发布的内容，尽量遵循“有用+情感+互动”的原则，加快内容传播速度，提高用户口碑，为企业树立良好形象。

3. 持续性互动

移动营销的重点就是让企业与用户之间建立一个“移动”的联系，让用户从心里接受企业，在购买产品时优先选择自己认定的企业的产品。这需要企业与用户之间持续性互动才能实现。

9.4.3 “失联”环境下的链接式营销

互联网的快速发展使企业的营销策略也发生变化。互联网使整个社会都处于链接中，之前企业在“失联”环境下实行的营销策略已经不适用于现在万物互联的环境，所以企业要调整营销策略，重构新的链接。

实行链接式营销需要实现3个方面的链接，即技术手段链接、内容手段链接以及社群手段链接。

1. 技术手段链接

技术手段链接主要指的是企业搭建一个互联网平台，让企业与用户在线上就能交流。用户可以通过这个互联网平台挑选产品并下单，企业的营销效率因此提高。

2. 内容手段链接

内容手段链接通常是指企业通过抖音、快手、小红书、微博以及微信公众号等平台向用户传播宣传内容，吸引更多用户关注企业，以此促进企业与用户之间的链接。

3. 社群手段链接

社群手段链接是在移动互联网发展背景下产生的一种在线化链接。企业直接将用户拉进社交软件的社群中，解决了企业与用户之间沟通效率低的问题，企业在用户反馈问题时能迅速响应。相较于传统的在店铺内销售的方式，社群手段链接可以提高产品的销售效率。

企业需要将这3种链接相互融合，以达到链接的最佳效果，促进链接式营销的创新发展。

9.4.4 快闪店：变革“即看即买”模式

快闪店主要指的是企业在某些地方设立的临时性店铺。快闪店具有临时性，所以它的创建比较简单，投资成本也比较小。快闪店能帮助企业快速吸引用户，增加销售额。

LOOKNOW是一个聚集全球设计师品牌的平台，它以“让全球时尚触手可及”为愿景，促使内容与用户建立更加紧密的连接，打通社交媒体和电商，给予用户“即看即买”的全新体验。

LOOKNOW策划了一个主题为“Better than Sex”的快闪店，这个快闪店位于上海静安公园8号，一共营业11天。LOOKNOW邀请了4位时尚博主：Anny_StyleOnTop、FreshBoy、了不起日报、江南BoyNam，和他们一起策划了一场以鞋子为核心的快闪活动。

这个快闪店是LOOKNOW与知名艺术家熊星合作建造的一个全玻璃式的店铺，鞋子像艺术品一样被摆放在台子上。如果用户看中某一双鞋子，只需要用微信扫描鞋子旁边的二维码就可以购买。这个快闪店真正实现了“即看即买”，充分激发了用户的购物欲。

第10章

供应链赋能：加强全局可视性

传统的供应链是串联的长链，随着市场经济的不断发展，传统供应链逐渐暴露出诸多弊端，取而代之的是数字化供应链。数字化供应链是网状的并联，不仅适用于企业内部各项业务，也适用于外部合作伙伴共同发展。其能够跟踪原材料从生产到组装再到成品、产品从供应商到制造商再到消费者的全流程，从而加强全局的可视性。

10.1 传统供应链的三大痛点

随着数字经济的快速发展，传统供应链在向用户传递新产品时虽然仍能产生一定的经济效益，但很难准确响应用户的多样化需求。随着新消费时代的到来，传统供应链逐渐显露出需求快速变化与不确定性、预测和响应能力弱、缺乏全球化外部协作等弊端。

10.1.1 需求的快速变化与不确定性

响应市场需求是供应链的主要作用之一。如今，市场需求的快速变化与不确定性给传统供应链的进一步发展带来了极大挑战。在传统供应链上，大多数企业只能根据相邻上下游企业的需求制订仓库规划和采购计划，这导致供应链源头的供应商获得的需求信息与实际市场需求信息之间的偏差很大。

受这种偏差影响，为保证货物供应的及时性，上一级供应商需要比下一级供应商储备更多的货物来减少需求波动带来的影响。例如，零售商需要准备更多的货物以应对需求波动；为零售商供货的分销商需要储备更多的货物应对零售商的需求波动；生产商和零部件供应商需要储备更多的货物应对下游的需求波动。

需求信息偏差逐级放大，原始物料供应商需要储备比实际需求更多的物料，耗费更多仓库运营时间，付出更多的运营成本。此外，消费者需求的个性化发展使产品生命周期逐渐缩短，为传统供应链上的各企业带来了更高的市场风险和投资风险。例如，企业在供应链组建初期可能会获得短期的高额利润，但需求的不确定性可能导致企业后期的利润下降，企业的利润分配额也会相对减少，进而给企业带来更高的经营风险。

总之，传统供应链在面对需求的快速变化和不确定性时，往往会受到时间和空间的限制，缺乏一定的灵活性和应变能力。这不仅会产生较大的需求信息偏差，还会浪费更多的采购和交易成本。

10.1.2 预测与响应能力亟待提高

能否高效地管理供货过程、提升响应能力是衡量供应链价值高低的标准之一。准确的预测和较快的反应速度是保证供应链良好运作的重要条件，在最短的时间内将符合消费者需求的产品送到消费者手中是供应链需要具备的重要能力。

面对消费者购买力的不断波动以及消费者心理的不断变化，传统供应链对消费者需求预测的偏差越来越大。同时，传统供应链的预测时间较长，可获得的需求信息相对较少，因而预测的准确性较低。

传统供应链上的各企业在进行销售预测时往往依赖于历史销售数据，但随着市场变化日益加快，过去的销售数据已无法反映未来市场的发展趋势。因此，传统供应链上的很多企业由于缺乏准确的商品供应规划而大量生产，产品量随着生产能力的提高而不断增加。在这种情况下，实际订单量与预测订单量往往有较大的偏差，直至后期越来越多的产品滞留在仓库。

供应链上各企业都有其发展目标，各企业更多地从自身利益出发进行战略规划或制定决策，而忽视了供应链的整体利益，导致供应链难以协同，企业的快速响应能力较弱。预测不准确、响应不及时，使传统供应链长期处于被动应急的低效运营状态。

10.1.3 缺乏全球化的外部协作

随着经济全球化程度的不断提高，企业的生存环境越来越复杂，供应链管理成为企业管理的重点。但传统供应链往往缺乏全球化的外部协作，其原因可以归为以下4点。

1. 难以快速准确交货

快速准确交货体现了物流管理在供应链全球化协作中的价值。传统供应链中各物流职能部门配合度较低，物流管理效果不佳，信息传输和利用效率较低，企业难以实现快速准确交货。

2. 物流系统不够敏捷

实现全球化的外部协作需要灵活、敏捷的物流系统，但传统供应链的物流系统灵活性不足、支持条件不够，导致原材料的供应常常在数量或质量上出现问题。此外，传统供应链上各生产组织的配合度较低，常常导致无法交货或延期交货，大大降低了物流系统的运转效率，从而难以实现全球化的外部协作。

3. 物流信息的传递、反馈与共享存在阻碍

信息共享是供应链实现全球化外部协作的关键。传统供应链的物流信息需要逐级传递，企业之间的物流信息往往相互保密，准确

地传递、反馈、共享物流信息对于传统供应链上的企业来说是比较困难的。

4. 链路连接度较低

要想实现供应链全球化外部协作，就需要供应链上的企业具备一定的协作意识和整体利益观，且各个企业的物流系统具备较高的集成度。但传统供应链上的部分企业为了实现自身利益最大化，与其他企业恶性竞争，从而大大降低了供应链的协作能力。

10.2 如何打造数字化供应链

数字化供应链将数字技术与供应链相结合，能够通过大数据、人工智能、机器算法等指导供应链进行预测、计划和执行等操作，并能够打破传统供应链中信息交流的壁垒，实现供应链的高效管理。

10.2.1 建立补货模型，实现智能补货

在传统供应链上，补货环节基本由人工完成，无法实现精准补货。而智能补货能够通过对供应时间、数量、周期的准确控制保证商品的供应效率，实现商品的供需平衡，提高库存的周转效率。

以智慧零售企业SandStar视达为例。作为“AI+零售”领域的先行者，SandStar视达研发了“数据采集-数据分析-模型搭建-数据

预测-智能决策”的智能补货模型。智能补货模型能够及时、准确地展示商品信息、补货时间和补货数量，大大增强了出货计划和销量预测的精准性。同时，SandStar视达还为不同的影响因子（如促销因子、季节性因子等）单独建模，为多样化的业务形态提供更稳固的支撑。

SandStar视达的智能补货系统通过在售货机上安装AI摄像头，精准识别售货机中每个商品的销售动态。智能补货系统能够根据商品的实时拿取情况判断商品是否缺货，自动生成智能补货单，并将补货单及时推送至后仓的显示屏和补货员的手机上。同时，智能补货系统能够设置最小库存预警来触发补货。例如，某商品起初的货架陈列量为15，当其陈列量达到最低值5时，智能补货系统便会将预警信息传递给仓库管理人员，尽可能地避免缺货现象。SandStar视达智能补货系统代替了传统的人工补货模式，帮助商家更灵活地监控商品情况，在降低了人工成本的同时，大大提升了商品的补货效率。

此外，SandStar视达通过AI智慧销售大脑随时洞察消费者需求变化，自动生成商品策略，使SandStar视达的总部管理者及时掌握商品需求等级，做出更加科学的决策，进而提升消费者体验，提升企业销售利润。

SandStar视达通过智慧技术成功避免了人工补货的信息偏差，降低了商品的滞销率和缺货率，使商品的供应量与市场需求尽可能地接近平衡，创造了数字零售的新模式。

10.2.2 使用灵活、多变的动态运输网络

随着大数据和移动互联网的进一步发展，互联网技术与物流行业

逐渐走向融合，全球运输网络迎来新变革。很多企业开始使用灵活、多变的动态运输网络，开启一个以“云服务、互联互通、智能化”为特点的物流信息化时代。

以运输管理云平台oTMS的核心系统oneTMS为例，oneTMS是国内顶尖的运输管理云系统，其将货运环节中的制造商、承运商和收货方集中在同一平台，实现供应链的互联互通和物流运输的高效管理。

oneTMS能够通过算法推荐与智能匹配，帮助货主找到符合业务特性的承运商。oneTMS能够使货主自定义投标准入门槛，获得更精准的承运商。同时，平台数据的沉淀能够使承运商的画像更加清晰、透明，以便货主选择。相较于复杂的线下比价方式，oneTMS可以使货主在线创建、分发价格文件，通过算法实现在线智能比价，提高招投标流程的科学性，打造一站式智能化招投标服务平台。

此外，oneTMS能够实现运输过程的信息透明化。司机能够借助车辆GPS或手机GPS及时在oneTMS系统上同步货物状态；货主和收货方能够通过oneTMS的网页端或手机端，实时追踪物流运输状态，获取真实的物流运输数据。同时，oneTMS能够通过百度地图展示运单周期和路径，并提供预警（如迟到运单预警）管理，从而对货物承运商进行有效约束，使运输管理的全过程更加灵活、高效。

此外，货主和承运商能够通过订单类型、时间窗口等灵活的筛选条件一键生成账单，账单是基于电子合同执行情况自动匹配订单数据而生成的，任何异常费用、费用调整都会被记录并提示，以确保全流程的合规和透明。

oneTMS的智慧动态运输网络借助移动互联网、智能算法和云计算技术，突破了传统线下运输模式的协同阻碍。oneTMS使运输数据、运输过程更加透明，使动态运输网络更加灵活、多变。

10.2.3 整合资源，连接上下游企业

数字经济推动众多企业进行数字化转型，企业除了要实现内部数字化外，还应从产业链角度整合资源，推动上下游企业协同发展。产业链的整体数字化能带动企业向更高水平的数字化发展。

在供应链运营参考模型（SCOR）中，任何企业与上下游企业都密不可分。供应链中包含“四流”，即商流、资金流、信息流、物流，这“四流”在整个供应链中流通。而企业进行数字化转型的关键是实现“三流合一”（信息流、物流、资金流的统一），因此，企业要想抛开上下游企业而独自实现数字化，显然较为困难。以下是企业整合资源、实现上下游协同发展的4个策略。

1.打通“四流”，提高供应链协同水平

企业应结合仓储、物流、配送等一系列服务，通过供应链系统整合资源，提升产业链一体化运作效率，全面实现商流、资金流、信息流、物流“四流合一”。此外，企业应借助前台和中台的敏捷配合，优化供应链全流程，快速应对复杂的商业环境。

2.推进供应链标准化，提高数字化深度

企业应持续输出业务指标并规范供应链运作流程，推动供应链的标准化。供应链能够为企业量身定制业务标准和业务分类体系，如材料分类、供应商分类标准等，让数据沉淀更精准。

3.汇聚资源，激发“乘数效应”

企业可以建立供应链智能管理系统，连接更多外部场景、角色和服务。通过供应链数据集中、资源聚合实现资源量化管理，从而使供应链智能管理系统驱动企业生态势能增长，提升企业供应链管理效能。

4.打破数据、业务壁垒，实现降本增效

在打破数据壁垒方面，企业在打造供应链平台时应规范数据标准，统一数据通道和数据口径，形成完整的数据画像。在打破业务壁垒方面，企业可以将有共性的业务提取出来，转变为一个公共服务，使之在一定程度上脱离业务束缚，使企业能够更加及时、便捷地提供服务。

总之，企业应建立完善的供应链系统，将供应链上的各种资源充分整合，连通上下游生态，打造高水平的数字化供应链，实现供应链对整体业务的赋能。

10.3 跟着数字化先锋学习供应链转型技巧

如今，传统供应链的串联结构已无法满足数字经济的发展需求，融入新技术的供应链正在朝着立体、多维的方向发展。在线采购、云仓储、车货匹配等新场景、新业态的普及和应用，使得供应链为数字经济的发展提供了重要保障。本节将通过3个案例讲述数字化转型先锋进行供应链转型的技巧。

10.3.1 宜家：从设计模块化入手

模块化意味着可以进行大规模的生产，模块化的设计方法不会因大量不可实施的方案设计而浪费不必要的成本。宜家的模块化设计就是出于成本控制的考虑，“使同等价格产品的设计成本更低”是宜家的模块化设计理念。

在包装设计方面，宜家考虑到家具运输车在装满货物后往往会存在大量空隙，为了更好地利用这些空隙、降低运输成本，宜家利用数字分析技术推出“平板包装”的包装设计理念。宜家的平板包装设计具有面积小、体积小、稳固性高的优点，能够在一定程度上节约包装面积、存储空间和运输空间。宜家的“平板包装”理念大大降低了仓储成本、运输成本和商品的损坏率。

在采购方面，宜家在全球范围内通过数字网络大批量地购买原材料，最大化地降低采购成本。

在生产方面，宜家的设计师们在设计过程中往往就能否更经济地利用一块木板或能否少用一个螺丝钉而进行细致的考量。例如，宜家做抽屉所用的小木板多数来源于床板、衣柜等大型家具在制作过程中被切割下来的边角料，这使宜家最大限度地提高了原材料的利用率，大大节省了生产成本。

在销售方面，宜家开发了宜家家居App和自助提货仓。客户可以通过宜家家居App在线选择需要购买的产品。客户通过App选择好产品之后，App能够自动推荐距离客户最近的自提点，客户可以前往自助提货仓自行提取货物，这大大节约了宜家的销售成本和服务成本。

宜家将模块化理念贯穿于从产品设计到采购、生产、运输和销售的全流程中，尽可能地控制经营成本，使宜家在供应链中始终保持相对稳定的获利状态。

10.3.2 华为：打造“以用户为中心”的供应链

华为CEO任正非曾表示，服务用户是华为存在的唯一理由。这体现了华为的核心经营理念——一切以用户为中心，这一理念同样体现在华为的供应链建设上。

以华为供应链变革项目ISC为例，ISC项目是华为建立的以用户为中心的集成供应链变革项目。该项目覆盖了采购、制造、营销、用户服务等多个环节，具备较高的灵活性和快速反应能力。ISC强调以用户需求为牵引，致力于实现供需的最优连接，建立精细化的供应网络。

在ISC项目的前期阶段，IBM顾问通过对业务部门的调查发现了供应链存在的组织问题、流程问题和IT问题。于是，ISC项目负责人决定基于SCOR模型对供应链进行优化。SCOR模型的前端是供应商，后端是用户，从前端到后端，涉及采购、制造、物流等多个环节。ISC项目将各个分散的环节整合起来，打造了ISC集成供应链主流程的顶层结构。

ISC项目将供应链与销售看作一个整体，致力于使供应链运营规划和销售预测达到集成效果，从而使供应链能够高效运营。华为在其销售部门、生产部门、采购部门定期召开ISC项目会议，分析用户需求和自身供应能力的差距，总结可以缩小差距的措施，在采购、生产、发货等方面竭力满足用户需求。

ISC项目的全球物流和全球订单统一管理也是重点。以前的业务凭借大量的海外第三方和第四方物流，在物流运输上具有一定的风险。在ISC集成供应链中，华为选取全球顶尖的物流公司作为供应商，从而为物流供应提供更可靠的保证。

ISC项目推动了华为供应链的变革，实现了华为供应链全流程的主动衔接和响应，使华为更好地服务用户，保证用户利益。华为的供应链变革对很多企业都具有很大的借鉴意义。

10.3.3 宝洁：提出“千场千链”的目标

宝洁在供应链变革中提出“千场千链”的目标，即在面对“千店千面”的商业环境和“千人千面”的消费者时能够快速响应实时需求、预测未来需求，提供并执行千种各具特色的供应链运营方案。在实现“千场千链”目标的过程中，宝洁主要采取了4种措施。

1. 建立更高效的生产、流通链路

宝洁对供应链中的生产流程和运输流程分别进行了智能化升级，竭力提升供应链的单点效率。

在生产流程上，宝洁借助工业4.0科技升级智能制造，实现柔性生产和自动化生产，提升生产效率。此外，宝洁与阿里巴巴强强联合，借助电商平台的大数据能力预测用户需求，研发适销对路的新产品，最大化地满足用户需求。

在运输流程上，为了缩短产品与用户之间的流通链路，宝洁重新构建了物流网络，将单一的一级分销供应链升级为双层级的动态网络架构。其中，第一层为大型物流中心，第二层为前置分销中心。

2.打造全链路的数字化协同运作模式

宝洁深入推进全链路的智能化和数字化，提升获取供应链各端实时状态的能力，提升供应链全链路效能。宝洁借助统一的数字化架构进行供应链网络设计，并不断优化供应链决策，营造可追溯、可识别、可互动的供应链运营环境。

在协同各端制定最优供应链决策上，宝洁推动流程的自动化，通过人工智能替代人力工作，在一定程度上避免了人为的工作差异，提高供应链运营效率。此外，宝洁还通过数字孪生技术对供应链实时数据进行数据建模，并仿真模拟解决方案的实际应用。

3.实现仓储的降本增效

宝洁联合分销商借助智能预测实现智能补货。宝洁基于门店补货规律和供应链的响应能力，借助统一的算法，实现对仓储及销量的预测。同时，宝洁与B端用户合作，协同促进商品订单量提升，提升供应链响应速度。

宝洁还开发了“大数据产品风向标”全域数据与智能标签平台。该平台结合人、货、场数据，帮助零售商实时追踪市场动向，为用户提供货品匹配。

4.提升电商订单响应率

宝洁在电商运营方面开创了工厂直发用户的新模式，从接收订单到发货，最快只需要100秒，极大地提升了电商平台订单的响应率。同时，宝洁还借助三级仓网打造自动化物流，从而保证订单的时效性。宝洁的计划运筹中心基于用户订单结构、不同仓库的库存和供应链响应能力，制订品类配置分仓计划，尽可能地为每个订单分配最优运输路线。宝洁的自动化物流以多级动态仓网降低了链路运输成本，提升了物流运输时效，同时也大大提升了用户电商购物的物流体验。

宝洁的“千场千链”目标深刻贯彻了“以用户为本”的经营理念和协同发展的原则，提升了供应链的灵活性。宝洁不仅在内部实现了供应链协同高效运作，还在外部实现了合作伙伴的协同发展，成功实现了“千场千链”的精细化运作。

第11章

采购赋能：平衡投入产出比

数字化采购以数字化技术为基础，以产品、服务和流程重构为手段，能够平衡企业投入产出比，创造新的商业采购模式。数字化采购将数据作为企业运营和发展的核心，强调端到端的连接，是一场新经济下的采购变革。

11.1 数字化是采购3.0的基础

随着时代的发展，采购经历了从1.0阶段到3.0阶段的发展。数字化是采购3.0的基础，能够对采购流程赋能，用新技术加快采购流程运转，提高企业生产效能。

11.1.1 从采购1.0到采购3.0

采购升级的两个维度主要是关键主体与关键手段。从采购1.0到采购3.0，每个采购阶段的特点各不相同，策略也不相同。在初创期，企业往往处于采购1.0阶段，该阶段主要具备以下3个特征。

1.物品类别分散

在采购1.0阶段，企业一般只集中采购与生产直接相关的物资，行政、人力、销售等有关职能部门的物资多数需要部门自行采购。由于各部门缺乏统一的安排和调配，采购的物品的类别往往较为分散，以致无法形成规模效应。

2.绩效管理靠“人”

从收到各部门的采购需求开始，开发、谈判、签订合同、跟单、付款等事项基本全由采购员一人负责，采购员权力缺乏监管往往会引发一定的采购风险。为了避免采购风险，部分企业会增添一些审核环节，这在一定程度上降低了采购风险，但也引发采购手续烦琐、采购效率低下的弊端。

3. 忙业务，少管理

采购部的工作人员一般都忙于和供应商谈判、催货等事项，对采购战略、数据分析等工作不够重视，以致难以实现对采购业务的充分管理和优化。

采购2.0通过制度与流程建设，着力于实现采购管理的阳光化、规范化。以下是该阶段的3个主要特征。

1. 管理集中化

在采购2.0阶段，为了规范采购管理制度，企业往往集中管理各个部门的采购工作。除原材料外，企业将MRO（维修与作业耗材）类采购、服务行政类采购、建设工程类采购等采购需求集中到采购部门，所需物资由采购部门统一采购。

随着业务的发展，为了解决各部门由于需求分散、信息不畅等原因而导致的重复采购、重复储备等问题，企业致力于对各部门的采购需求进行整合，以尽可能地降低采购成本。

2. 过程阳光化

企业对内强化管理职能，健全管理制度，对外鼓励更多优质供应商参与竞争，并按照一定的标准择优选择供应商，从而使采购过程更加透明化、阳光化。

3. 分工专业化

为了规避采购风险，企业往往把采购流程进行分段处理，将“采”与“购”两大职能分离，实行采购战略性分段模式，提升分工的专业化。

在采购2.0后期，随着招标工作的不断进行，企业逐渐意识到降低采购成本的重要性。于是，在采购3.0阶段，企业以降低采购成本为主要目标，开始寻求跨部门的沟通与协作。

当企业逐渐发展壮大，由于文化、考核、管理者等多种因素，部门之间容易形成“部门墙”，也就是各部门往往只关注自己部门的绩效，很少站在总成本的角度考虑问题，导致企业内耗严重。企业需要开展“拆墙”活动，从仅靠采购部门降本增效向跨部门协作转变，使各部门在采购方面达成高度的战略共识。

在市场形势复杂多变的时代背景下，企业管理面临的风险也越来越大。在这种情况下，企业亟须提升采购管理能力，重新定位采购功能，更新采购运作模式，以提升采购的市场响应能力。

11.1.2 关于数字化采购的3个核心问题

企业在推动采购实现数字化转型时，切勿直接生搬硬套其他企业的模式。企业应根据自身特点，围绕数字化转型核心，探索符合自身发展的采购数字化转型之道。以下是数字化采购的3个核心问题。

1. 采购技术的运用

企业在建立数字化采购系统时，可以融合多种数字化技术连接供应链中的各个环节，实现真正的数据互联。企业可以在建立数字化采购系统的过程中，广泛地利用5G技术实现采购信息的及时传输，提升采购效率。企业应在采购环节中充分融入数字化技术，发挥数字化技术的价值。

2.采购流程的规范

企业的数字化采购应以端到端的业务流程为基础，通过信息集成系统，提升采购管理的透明度，突破地域和行业限制，推进采购流程的数字化变革。

3.采购数据的共享

在内部，企业应促进各部门间采购数据的共享，使得采购、生产、销售、人力、行政等部门对企业物资消耗及成本投入有一定的了解，促使各部门在源头上降本增效。

在外部，企业应尽可能地实现与供应商、用户之间的数据共享。数据共享是一项长期工作，企业可以将战略用户与战略供应商作为数据共享的切入点，搭建数据共享框架，从线到面地建立规范化的数据共享平台。

随着数字化时代到来，传统的采购模式已无法满足企业数字化转型的需要，数字化采购是时代发展的大势所趋。但实现采购模式的数字化转型并非易事，企业应竭力解决数字化采购的核心问题，借助数字化技术充分发挥供应链中采购环节的价值，开辟采购数字化新的发展空间。

11.1.3 如何实现数字化采购

在数字化采购模式下，采购人员可以通过移动设备实时查看产品及原材料的支出情况。采购系统也能为采购人员提供更全面的视角，优化采购决策，提升采购效率。以下是企业实现数字化采购的5个要点。

1.数据

通常情况下，采购部门只负责对产品原料、机械设备等生产资料的支出情况进行收集与整理，而对供应商的库存情况、市场价格的波动情况等不够了解，从而难以做出最优的采购决策。

事实上，与采购相关的其他数据同样值得收集，数字化采购系统能够扩大数据收集的范围。例如，在了解市场价格的波动情况后，采购部门就可以计算出企业的资产成本及价格杠杆，这些数据可以使企业的采购决策更合理。

2.技术

数据是实现数字化采购的前提，人工智能、大数据等先进技术则是数字化采购的原动力。企业将这些技术与业务进行有机结合，可以更好地实现业务流程的自动化、智能化，从而全面提升数据的处理效率，不断优化采购决策。

3. 使用体验

采购人员是数字化采购系统的直接使用者，使用的人数越多，系统收集到的数据越多，后续的采购效率也就越高。因此，企业需要对采购系统进行全方位优化，提升采购人员的使用体验。企业可以将采购系统做成门户网站的形式，在后台进行复杂的计算，在前台展现结果，以便于采购人员进行决策。

4. 专业团队

数字化采购系统的构建需要专业的技术团队的支持。这个团队中至少需要4方面的专家，即构建数据模型的数据专家、判断数据关联性的采购专家、熟悉技术及软件的IT专家和提升使用体验的设计专家。

只有这样，数字化采购系统才能从数字化的全局视角出发，对整个采购活动进行系统、整体的规划，从而实现采购决策的最优化、采购效益的最大化。

5. 运作模式

数字化采购系统提升了采购人员的数据获取效率，为企业与供应商之间的合作创造了新的方式。企业也应该对原有的制度及流程进行梳理，对采购部门的运作模式进行调整，让采购人员可以充分利用数字化采购系统中的各项功能。

在掌握上述要点后，企业便可以根据采购部门的实际情况为其构建更灵活、高效的数字化采购系统，推动企业采购数字化进程。

11.2 解读数字化时代的新型采购模式

随着供应链互联程度的不断加深，传统采购模式逐渐暴露出信息不对称、更新不及时等弊端。因此，企业应建立符合时代发展的新型采购模式，以适应复杂的商业环境。共享采购和协同采购是数字化时代两种主要的采购模式。

11.2.1 模式一：共享采购

原材料价格上涨使企业陷入采购困境，而且由于传统的采购模式中缺乏有效的信息交流，企业的谈判议价能力和抵御风险能力远远不足以适应数字化时代的发展。因此，企业亟须摆脱旧有采购模式，提升采购风险防控能力，加强采购工作的集约化，着力于建立共享采购模式。

互联网能够将线上信息与线下采购流程有机结合，使企业以最低的成本获取最佳的共享采购服务。这种共享可以是企业与各部门之间的共享，也可以是企业与企业之间的共享。共享采购模式实现了采购业务的再分工，极大地提升了采购工作的质量和效率，帮助企业加快业务模式创新，降低采购风险。

从目前供应链的发展形势来看，未来将有更多企业使用共享采购模式，实现数字化采购。

11.2.2　模式二：协同采购

企业在进行采购管理时，不仅要注重企业内部协同采购，还应注重与企业外部供应链上的其他企业在采购方面实现协同。

1. 内部协同采购

内部协作需要人才和组织架构的支持。协作采购涉及交货期、货物质量、采购流程维护等事项，这要求采购人员和企业各部门能够进行充分、有效的合作。因此，企业要注重采购人员和采购组织的培养。

企业在招聘采购人员时，不仅要注重人员的经验，还应注重采购人员对支出门类的理解。研究发现，拥有专家型采购人才的企业更容易提升采购环节在内部业务结构中的可信度。企业应将采购的组织架构覆盖整个企业，并设立首席采购官，使采购组织能够与生产部门、财务部门和销售部门进行充分的协调和互动。同时，采购模式应从被动响应向主动协同转变，采购职能应从事务性工作向专业性工作转变，以提升内部协同采购的能力和水平。

2. 外部协同采购

在外部资源管理上，企业可以和供应商建立合作伙伴关系，通过对供应商提供教育培训和信息反馈，提升供应商的供货质量。企业也可以参与供应商的产品设计过程，建立层次丰富的供应商网络，以加强企业的外部资源管理。

此外，企业可以搭建采购协同管理平台。企业应以技术作为协同采购的支撑，利用企业管理软件实现协同采购。

首先，企业可以通过采购协同管理平台进行采购预测。企业将所期望的服务水平和产品效果提供给供应商，供应商可以将其所能提供的服务反馈给企业。其次，企业可以进行库存信息的协同。企业及时将物料库存情况反馈给供应商，增强供应商对上游企业的可视性，从而提高供应商的交货效率。再次，企业可以进行采购计划的协同。企业可以将采购计划传达给上游供应商，供应商根据企业采购计划进行合理的生产。最后，企业可以进行产品设计的协同。企业在进行新产品的研发时，可以将新产品的零部件需求及时传达给供应商，以确保供应商能够在第一时间给企业供货。

为了实现协同采购，企业必须对供应商的特征进行充分的分析和了解，从而更好地和供应商建立协作关系，畅通并优化企业协同采购流程。

11.2.3 小米的数字化采购方案

随着业务的快速扩张，传统的线下采购模式已经不能满足小米内部的业务需求，如何实现灵活、高效的采购成为小米亟待解决的问题。小米在提升采购效率、实现数字化采购方面主要采取了以下3个措施。

1.流程升级改造

未升级之前，小米内部的采购流程多数在线下进行，这导致采购流程无法留痕，难以实现流程的透明化。加上各采购系统有相对独立的审批流程，导致整个采购流程难以实现闭环，给小米带来了一定的采购管理风险。

基于以上问题，2020年12月，小米启动了“非生采购数字化”项目。项目启动后，小米以中国区采购系统作为立项范本，由点及面地扩大项目覆盖范围；加强物料类、服务类等方面的需求管理，实现招标、采购等全流程线上化，打造线上采购闭环。

2.提出选型5要素

出于对“非生采购数字化”项目的前瞻性考虑，小米成立了专研项目组。项目组人员包括企业采购部门、市场采购部门、技术部门和业务部门的核心人员。同时，小米开展了深度的市场调研，对市场上各数字化采购供应商进行了详细的对比和了解。

小米在选型阶段主要关注项目计划、项目团队、系统架构、产品逻辑及使用体验这5个要素，而数字化供应商“支出宝”很好地满足了小米对这5个要素的要求。支出宝“轻咨询”模块化的解决方案以及快速部署、快速迭代的数字化能力，能够满足小米快速响应市场变化、及时调整策略等敏捷性需求。

3.解决3大采购核心问题

与支出宝合作后，小米立即实施采购项目。小米的业务繁杂，要想实现采购逻辑与产品的紧密结合，就需要解决需求管理、招采管理及供应商管理这3个采购核心问题。

在需求管理方面，支出宝在系统中为小米设定了需求分配逻辑并打造了需求受理台这一功能。该功能能够根据采购品类和金额自动分配采购需求，并且自动传输至采购人员的待办事项系统中，采购人员也可以实时关注事项进展。

在招采管理方面，支出宝在系统中为小米增添了多次招采功能和预算金额管控功能，使招采的下单金额不能超出定标金额。

在供应商管理方面，小米将供应仓库分为4类，分别是储备库、临时库、正式库、冻结库。在供应商的准入管理上，小米为不同品类的供应商设置了不同的准入门槛，并分别设定了供应商的单笔交易上限和年度交易上限，从而更好地把控交易风险。

小米的数字化采购项目实现了数字化系统在采购业务方面更深层次的拓展，使小米采购模式的数字化转型取得了较好的成效。

11.3 数字化贯穿采购流程

如今，供应链的互联程度不断加深，这也大大加强了供应链的不稳定性。因此，企业需要重新定位企业供应链中的采购功能，调整现有的采购模式，提升采购环节的市场响应能力。

11.3.1 采购前期的电子招投标

随着互联网迅猛发展，数字化采购这一新型采购模式应运而生。数字化采购借助大数据、人工智能、云计算等技术，使采购更加便捷、高效。

数字化采购的电子招投标功能能够为企业及供应商提供一站式招投标服务。电子招投标功能通过在线管理、运行招标，使整个流程更加条理化，使招标业务更加规范化。电子招投标功能能够自动管理招标文件，这使得采购人员能够把更多的精力用在其他事项上，节省时间和人力成本。电子招投标功能能够实现预审、招标、评标、授标全流程的自动化，大大提升了招投标效率。电子招投标功能使招投标进度全程可视，使采购流程更加智能、清晰。电子招投标的具体实施流程如下。

在邀请招标模式下，采购方招标立项时需要邀请供应商参与招标。被邀请的供应商可以在采购管理系统选择是否接受邀请，供应商接受邀请后即可在线参与投标、开标、评标、定标。

在公开招标模式下，采购方招标立项后需要在采购协同管理平台上向库内供应商发送招标公告，供应商看到招标公告可以报名招标，然后在线参与投标、开标、评标、定标。

电子招投标功能能够帮助企业实现招投标全流程的规范化管理，同时提升招投标流程的透明化和可视化，为企业提供更便捷的招投标服务。

11.3.2 采购途中的采购与合同管理

采购合同管理是企业采购管理中的一项重要内容。数字化采购系统可以实现端到端的合同协作，支持合同多方在线编辑，实时呈现合同数据。

在数字化采购系统中，企业可以自定义各种标准的合同模板，由合同模板生成合同文本，从而避免人为因素引发的合同风险。数字化采购系统支持灵活定义合同类型，满足企业对不同合同种类的需求。同时，数字化采购系统能够提供电子签章，合同签订双方可以通过电子方式签署合同，实现合同签订的多方位数字化。数字化采购系统还支持自定义变更合同方案，使采购合同具备更高的灵活性和敏捷性。

在新阶段、新形势下，企业应加强创新驱动，构建数字化采购系统，加快业务、服务的数字化升级。数字化采购系统将助力企业实现高质量发展，不断开创企业数字化发展新格局。

11.3.3 采购后期的财务结算协同

传统财务结算模式以制度为导向，将发票作为内容主体，导致财务结算信息并不能完全体现实际业务的发展状况。此外，传统的财务结算模式不仅流程烦琐、效率低下，还会阻碍管理人员的决策，给企业造成一定的损失。

数字化采购系统能够借助机器学习、语音识别、规则引擎等技术，实现财务结算流程的自动化，大幅提升财务结算协同效率，从深层次上颠覆了传统的财务结算模式。

数字化技术是实现财务结算协同的基础。随着数字化技术的发展，嵌入式分析、OCR（光学字符识别）等技术使财务结算越来越智能。如今，在人工智能技术的支持下，财务结算能够实现人机互动。数字化采购系统能够直接接收管理人员的语音指令，并在后台将其转换为计算机语言，回应管理人员的需求。

财务结算功能将那些重复性较强的财务工作进行结构化处理，将财务人员从繁重的机械工作中解放出来。财务结算功能对业务数据进行记录与传输，并为各个部门提供可视化的财务分析报告，让数据为财务赋能。

11.3.4　必备工具：FMEA控制采购风险

FMEA是一种用来确定现有或潜在失效模式的分析工具，可以降低企业采购风险，提高企业采购风险评估的全面性、客观性和准确性，为企业采购风险管控提供可靠的依据。FMEA主要从以下3个维度评估风险。

（1）严重度：衡量危害后果的尺度。严重度用来评价风险发生的影响，一般来说，严重度评分越高，风险的影响就越大。

（2）频度：特定事件发生的可能性。频度用来评价风险发生的可能性，一般来说，频度评分越高，风险发生的可能性就越大。

（3）探测度：探测企业管控风险的能力。探测度用来判断企业感知、预防风险的能力，一般来说，探测度评分越高，企业感知和预防风险的能力就越强。

FMEA通过对采购风险进行预测和实时分析，大大提高了企业采购计划的执行效率，可以帮助企业更好地管理供应商，提高企业采购流程的安全性。

第12章

财务赋能：升级财务洞察力

随着数字化时代的发展，企业的财务转型获得了众多数字化技术的支持。财务数字化转型的重点是帮助企业在研发、生产、销售、服务等环节中实现财务数据的有效流动，提高财务的洞察力，赋能企业业务长久发展。

12.1 财务转型是大势所趋

如今，信息技术越来越成熟，财务共享中心的建立、财务机器人的出现，使以往多数的基础性财务工作逐渐实现自动化。财务工作的数字化转型已成为企业数字化转型的重要部分。

12.1.1 财务转型的价值与必要性

财务数字化转型能够更好地实现企业的数字化发展战略，帮助财务人员从简单、重复的工作中解放出来，使他们更多地参与企业的财务分析和资金管理活动。

传统的财务工作模式已经无法与当代企业的数字化转型战略进行深度融合。首先，传统财务核算的基础是企业已经发生的业务，财务分析多是基于历史经验，导致财务工作的预见性不足，难以支撑企业的未来发展。

其次，财务部门的业务相对独立，长期从事报表、报销的业务容易导致财务部门过于封闭，从而脱离整体业务的发展。

再次，传统的财务管理模式较为分散，难以产生集约效益，导致财务管理成本高、效率低。因此，推进财务转型对于企业的总体发展至关重要。

最后，财务转型有利于解决企业面临的一些现实问题。例如，企业的管理层级复杂而导致业务运营成本居高不下，财务审批分权不够明确导致企业经营的灵活性较差等问题。实现财务的数字化转型，有利于加强企业财务的管控力度，提高资金使用效率，从而降低融资成本。

财务的数字化转型有利于提高财务部门的地位和价值，推进企业业务的整体发展和企业战略的加快实施。

12.1.2 实现财务数字化有哪些难点

企业要想实现数字化转型，在财务方面也应该发力，以财务数字化推动企业数字化转型。但是实现财务数字化并不容易，企业通常在实现财务数字化的过程中遇到以下3个难点。

1.缺乏整体规划

大多数企业对数字化转型没有一个清晰的认知，只将数字化转型看作是对一些与企业相关的数据信息进行加工。这导致企业无法成功实现财务数字化，也就无法完全实现数字化转型。实现财务数字化是一个系统性的工程，需要企业对未来有一个整体的规划，绘制一个精细的数字化转型蓝图。

2.业务与财务融合程度低

很多企业都没有数字化财务系统，这使得企业财务信息的共享程度不高，企业的业务与财务不能很好地融合。同时，因为企业各个部门的标准不一致，也没有完善的信息管理系统，所以企业的财务信息不能及时反馈给业务部门。在这两个原因的共同作用下，企业的业务与财务的融合程度很低。

3.缺乏数字化人才

很多企业的财务人员在数字化方面的知识结构不健全。在处理财务数据时，财务人员不能有效分辨出哪些数据是有用的、哪些数据是没用的，这使得数据分析和数据提取的意义不大，不能对企业发展做出有效的指导。企业只有吸纳更多的财务数字化人才，才能更快地实现财务数字化。

企业在实现财务数字化的过程中，应该做到具体问题具体分析，逐一突破实现财务数字化的难点，根据发展情况实时调整策略，以财务数字化推动企业整体数字化转型尽快实现。

12.1.3 如何做好财务转型

财务数字化转型是企业数字化转型的重要组成部分，同时也是一项战略变革的系统性工程。企业的财务数字化转型可以从以下3个维度展开。

1.职能转型

企业应重新调整财务关系，重新界定财务职能的内涵。数字化转型下企业财务的职能主要有3个：一是财务应该为企业的决策制定、战略目标制定提供数据支撑；二是财务应作为企业业务管理者的伙伴，助力业务管理效率的提升；三是财务应高效完成核算工作，保证财务信息质量。

2. 组织转型

企业应构建以共享财务为基础、战略财务为引领、业务财务为主体的财务组织，实现组织转型。企业应通过战略财务与业务财务延伸管理会计职能，通过共享财务呈现新的核算结果。

3. 人员转型

企业应重新确定财务人才标准，提升财务人员数字化能力，为财务数字化转型提供人才保障。同时，企业应培养战略型财务人员，并使这一类人员在财务组织中居于主导地位，从而支撑企业的财务决策。业务型财务人员是人员部署战略中的主体，这一类人员主要专注于促进企业的业务发展。共享型财务人员通过提供财务核算专业化服务来推进财务核算业务的 标准化、智能化。

企业应制定好财务部门的转型战略和目标，努力挖掘财务部门的价值。企业做好财务转型工作能够使财务管理更规范、有效。

12.2 数字化财务的核心是共享

财务共享是一种新型管理模式，它对财务数字化有着至关重要的作用，几乎贯穿于企业整体的数字化转型目标。《关于中央企业加快建设世界一流财务管理体系的指导意见》中指出："积极探索依托财务共享实现财务数字化转型的有效路径，推进共享模式、流程和技术创新，从核算共享向多领域共享延伸，从账务集中处理中心向企业数据中心演进，不断提高共享效率、拓展共享边界。”

12.2.1 财务共享的发展趋势

随着产业技术加速迭代和财务管理政策的支持，财务共享建设的浪潮越来越汹涌。微服务架构和数据中心赋能财务的重塑和拓展，财务逐渐迈入数字化新时代。以下是财务共享的4个发展趋势。

1. 业财税一体化明显

随着财税管理智能化、精细化的发展，企业财税管理逐步融合到采购、营销等业务领域中，并发挥着数据处理和业务管控的职能。同时，在业财税融合的过程中，财务能够沉淀大量数据，为企业业务发展提供更有力的支撑。

2. 个性化服务逐渐融合

财务共享多数以实现业务标准化为主要目标。但随着业务对象的不断变化，标准化的服务已难以支撑多业务形态的发展。因此，财务共享将逐渐从标准化向个性化发展。

3.ERP核心地位或被取代

随着财务共享的深入发展，ERP面向前台的核心地位将逐渐被弱化，或将转变为后台财务核算平台。以数字化技术为核心的业财税共享平台，将成为企业下一代核心系统平台。

4. SaaS化平台部署渐成主流

随着数字化技术的应用，信息云部署平台越来越普遍，部分业务的SaaS化与本地部署相结合，逐渐演变出SaaS化平台部署新模式。随着交易对象协同能力的不断提升，本地部署的弊端逐渐显露出来，企业需要通过财务共享平台在线上与交易对象协同进行交易处理，新型SaaS化平台部署将成为推动财务共享的主要模式。

随着数字化技术在各业务中的广泛应用，企业应该把握时代发展趋势，主动了解财务共享中心建设要点，寻找适合自身的财务转型实施路径，将提升数字化共享技术水平作为财务转型的关键着手点。

12.2.2　在企业内部建设财务共享平台

在企业内部建设财务共享平台的主要目的是加快企业财务数字化进程，它的作用主要体现在以下3个方面。

1. 为企业增加价值

财务共享平台能够帮助企业中的财务人员减少负担，让财务人员不再需要将每天的工作时间全都用来做核算财务报表这类重复性极强的工作，而是将更多的精力用于财务管理这种更有价值的工作上面，从而进一步促进业财税融合，为企业增加更多价值。

2. 促进财务管理规范化

很多企业在发展壮大后就会建立分公司，如果企业没有及时规范分公司的财务管理事项，没有将财务制度统一化，那么分公司很容易形成自己的制度，企业无法完全掌控分公司。企业可以通过建立财务共享平台，规范分公司的财务管理事项。企业和分公司都能通过财务共享平台使用统一的模式处理财务事项，使企业整体可以做到上通下达，更好地控制分公司，促进企业发展。

3.提高财务管理效率

财务共享平台主要依托于现代信息技术而建立，能够实现对一些财务事项的自动化处理。相较于人工处理，它的速度更快，提高了企业的财务管理效率。

12.2.3　现代化的财务思维模型

经济发展方式的变化对企业的影响越来越大，企业的财务人员需要跳出传统的财务思维，拓宽视野，调整知识结构，树立现代化的财务思维。现代化的财务思维模型主要包括以下5种思维方式。

1.战略性思维

财务人员首先需要具备的现代化财务思维是战略性思维。不同的财务人员需要站在不同的角度思考问题，透过现象看本质，用现代化思维推测未来财务发展方向。同时，财务人员应采取立体的战略思维看问题，由单维思维向多维思维转变，由个体思维向宏观思维转变。树立战略性思维需要财务人员不断地审视现在已存在或未来将会产生的经济现象，用前瞻性眼光进行相关财务工作。

2.独立性思维

财务人员在融合各方面的资料和信息时要保持独立思考。即使是社会层面或者财务界的通用理论，财务人员也不可以直接照搬。财务人员需要对公认的传统财务思维综合分析、独立思考，找出其中的本质和规律，确定现代化财务的发展方向。

3.深入性思维

财务人员的思维需要由浅显的表面思维向深层次的本质思维转变，这往往需要一个长期、系统的过程。财务人员应该透过财务发展现象看本质，从某一问题入手进行深入性思考，逐渐向财务问题的核心靠拢，找出财务问题的内在逻辑。

4.灵活性思维

财务人员的业务水平往往局限于自身财务专业技能，但专业技能在财务管理工作中只起到基础性的作用，具体的操作方法还需要财务人员根据实际情况灵活变通。除了财务领域外，财务人员也可以跨领域找到适用且实用的知识或工具来更高效地处理财务问题，提高多角度、灵活处理财务问题的能力。

5.交互性思维

财务人员所要完成的目标只是企业总目标的一部分。财务人员在完成自己的任务的同时应当注意配合其他业务的发展，使财务管理成为企业总目标的支点，实现杠杆效应。

现代化的财务思维能够促进企业经营目标更好地实现，提升企业经营水平。企业财务人员需要具备更高的思维高度，及时调整状态、转变思路，以适应经济发展新常态。

12.2.4 物流企业的共享财务系统

物流企业的共享财务系统依托于现代化信息技术，能够对企业的财务信息进行汇总处理。该系统能够借助大数据分析搭建一个云端数据库，将总部与各分部的财务数据汇总起来，实现海量数据的集合与共享。同时，共享财务系统还能够对财务数据进行加工，为其他业务提供趋势分析、前景预测等服务。以下是物流企业搭建共享财务系统的3个措施。

1. 组建新的组织机构

搭建共享财务系统需要企业对内部原有的组织架构进行变革或重组，物流企业可以组建稽查部门、资金核算部门、税务筹划部门等组织机构。这样各部门的相关业务能够得到汇总处理，形成总体的财务报告，从而为企业风险预测和战略规划调整提供依据。

2. 建立标准化的财务管理体系

搭建共享财务系统需要企业建立一套标准化的财务管理体系。一是确定财务报表制作的统一标准，物流企业应为各分部设立统一的、规范化的财务报表制作流程和体系；二是建立统一的会计科目，物流企业应为各部门设定相应的物流费用明细科目，助力企业实现财务数据更科学的统计和分析；三是建立统一的业务审批流程，设定规范化的程序，例如，物流的各个环节（如包装环节、仓储环节、装卸环节等）所产生的费用审批工作由各部门分别承担。同时，每项业务的财务汇总需要向区域财务负责人报备，保证每项业务的审批都有专人负责。

3.加强信息化建设

物流运作流程中的仓储、装卸、运输等各个环节都会产生费用，这些费用信息应当能够在共享系统中汇总、计算。为了满足这个需要，共享财务系统需要相关的技术支撑，如ERP系统、网络报销系统、网银系统等，以帮助企业更好地汇集财务信息，结算财务费用。

共享财务系统在帮助企业实现内外部信息共享的同时，避免了各环节物流数据的冗杂、失真，打破了空间的障碍，使物流管理更加便捷、高效。

12.3 数字化转型之税务变革

在企业的数字化转型过程中，处于不同发展阶段、不同规模的企业对税务管理数字化的诉求各不相同。因此，企业应设定适应时代和自身发展的税务管理数字化转型目标，把握税务变革重点。

12.3.1 无纸化入账成为现实

《国务院办公厅关于进一步优化营商环境降低市场主体制度性交易成本的意见》中指出："2022年11月底前，实现95%税费服务事项‘网上办’。2022年年底前，实现电子发票无纸化报销、入账、归档、存储等。”

《关于规范电子会计凭证报销入账归档的通知》中明确指出：“符合档案管理要求的电子会计档案与纸质档案具有同等法律效力。除法律、行政法规另有规定外，电子会计档案可不再另以纸质形式保存。”这两个条例促使无纸化入账逐渐成为现实。

某公司的财务人员完成发票无纸化入账后发出感叹：“电子发票在档案管理上真是方便。刚才我按设定流程，很快就完成了电子发票报销、入账、归档全程无纸化操作，既不需要打印电票，也不需要扫描，直接上传电子信息，财务核算更快捷、更省事，风险也更低。”

企业应该逐渐推进税务管理无纸化进程，对税务工作进行变革，促进企业数字化转型。

12.3.2 打造税务共享服务中心

税务共享服务中心是依托于互联网、大数据和云计算等技术，以信息化网络为支撑，融合共享经济理念，以快速响应税务服务需求为目标的税务运作模式。随着“互联网＋税务”的不断推进，打造税务共享服务中心成为企业实现税务数字化转型的重要措施。以下是企业打造税务共享服务中心的3方面部署。

1.平台共享

首先，企业应以纳税主体为单元，通过按照地区或行业板块划分的虚拟组织连接企业总部，建立起系统的数据汇总和垂直管理体系。其次，企业应依据税务管理制度，在税务平台内设定标准化的税务核算规则和流程。最后，企业应设置税务系统的数据权限和功能权限，在实现税务数据共享的同时实现数据隔离。

2.数据共享

企业应通过建立完整的数据仓库来实现数据的集中和共享。在横向上，企业应通过共享平台连接财务系统和业务系统来获取税务数据；在纵向上，企业应通过共享平台实现数据的逐级汇总，例如，数据汇总的流程是从纳税主体到区域中心，再到企业总部。

3.知识共享

首先，企业可以根据企业的涉税实务，获取相关的法律法规的解读和稽查案例，通过共享平台下发给各成员单位。其次，企业可以将税务管理资料，包括税务管理规范、税务通知等，通过共享平台下发给税务部门相关人员，并由平台自动监督相关人员的学习进度。最后，企业员工可以把自己的税务实操经验或心得分享至共享平台，也可以将自己在税务实操过程中遇到的问题发布至共享平台寻求帮助。知识共享能够加速税务知识的传播，提升企业税务人员的整体知识水平。

企业在搭建税务共享服务中心的组织架构时，需要基于企业税务信息化的核心需求，并依托强大的系统平台，实现各类税务数据、资源的共享和对接。

12.3.3 税金管理模式是如何变革的

近年来，“智慧税务”的建设目标逐步渗透到各大企业，税务数字化的内涵不断丰富。税务数字化大大提升了企业税务管理效率，推动企业的数字化转型进程。

税金管理模式已逐步实现全面信息化、数字化。在税金管理模式数字化变革的过程中，系统对接、管理流程的深度融合、信用体系的深度建设成为变革重点；多证合一、反洗钱、大额现金管理办法、大额可疑交易报告制度、反逃税监管机制等一系列政策，使企业与金融、工商等主体实现了进一步的互联互通。“税企直连”“税企共治”等理念为企业实现税金管理共治化提供了很好的经验参考。

税金管理模式借助大数据、区块链等技术，对企业经营情况、业务情况、票据和资金的合规性等内容进行全周期、多维度的管理。税务机关也竭力帮助企业梳理内控指标、税源指标，从而降低税金管理的成本与风险。

数字化税金管理作为税务转型的重要组成部分，能够帮助企业快速实现业财税一体化。企业应紧跟数字化税金管理模式的发展趋势，尽快建立数字化税金管理体系，从而提升业务运营效率和税金风险管控的能力。

12.3.4 OCR扫描与电子发票助力财务转型

OCR是指对文本资料进行扫描后，对图片文件进行分析处理，从而获取文字信息的过程。OCR被广泛应用在各种领域，财务领域是其中之一。

如何管理发票是很多企业的财务人员苦恼的问题，财务人员需要整理发票、录入发票、查验发票真伪，整个过程非常烦琐。而使用OCR技术，财务人员只需要用电子设备对着发票轻轻扫描就可以得到发票信息。

同时，财务人员也不需要担心纸质发票丢失、损毁等问题，OCR扫描得到的信息被保存在电子设备上。OCR是数字化技术，每一张被报销的发票都有记录，避免了同一张发票被重复报销的问题。

例如，上海电气集团为了实现发票的OCR扫描，与译图智讯公司达成合作，共同打造财务共享数据管理系统。上海电气集团是一家工业制造集团，旗下分公司众多，财务人员处理发票需要耗费很长时间，效率很低，成本很高。在这次合作中，译图智讯帮助上海电气集团解决这一难题。译图智讯提供的ORC技术能够对发票上的信息批量处理，减少了同样工作量的处理时间，提高了财务人员的工作效率。

企业应该使用OCR技术将纸质发票转变为电子发票，使税务信息数字化，助力企业税务的数字化转型。